MAX

CUANDO DIOS DIOS SUSURRA TU NOMBRE

GRUPO NELSON
Una división de Thomas Nelson Publishers
Desde 1798

NASHVILLE   DALLAS   MÉXICO DF.   RÍO DE JANEIRO   BEIJING

© 1995 EDITORIAL CARIBE
P.O. Box 141000
Nashville, TN 37214-1000

Título del original en inglés:
When God Whispers Your Name
© 1994 por Max Lucado
Publicado por *Word Publishing*

Traductora: *Erma Ducasa*

ISBN-10: 0-88113-792-8
ISBN-13: 978-0-88113-792-7

Impreso en México
Printed in Mexico

14a. Reimpresión 09/2010

CUANDO DIOS SUSURRA TU NOMBRE

RECONOCIMIENTOS

Las siguientes personas aportaron lo necesario en cuanto a estímulo, recordatorios, elogios y puntapiés en las asentaderas, para acabar este trabajo.

Gracias a:

Karen Hill, mi asistente. Sabes lo que necesito antes de que te lo pida. Sabes dónde está cuando lo he perdido. Sabes lo que le hace falta cuando no lo puedo reparar. ¿Eres humana o ángel?

Liz Heaney, mi editora. He aquí un brindis a los buenos libros, largas horas y manuscritos acabados. Gracias por otro trabajo grandioso.

La familia Word. A cada uno de ustedes. Me siento honrado de ser su compañero.

A Steve y Cheryl Green. Por su dedicación a UpWords y su leal amistad.

A Steve Halliday, por escribir la guía de estudio.

A Terry Olivarri, por las lecciones sobre el disfrute de la vida.

A Jim Martin, un excelente médico. Un querido amigo.

A mi esposa Denalyn. Cada segundo pienso algo de ti. Cada segundo pienso en lo agradecido que estoy por ti.

Y a ti, lector, que las palabras de este libro te conduzcan a la única Palabra que importa. La Suya.

MAX LUCADO

CONTENIDO

Cuando
Dios
susurra
tu
nombre

Dedicatoria

Denalyn y yo quisiéramos dedicar este libro a
la universidad en la cual nos graduamos: Abilene
Christian University. Saludamos al consejo de dirección,
a la administración, al claustro de profesores y demás
empleados. Por todo lo que han hecho y todo lo
que hacen, les aplaudimos.

*Así que, hermanos míos amados, estad firmes y
constantes, creciendo en la obra del Señor siempre, sabiendo que vuestro trabajo en el Señor no
es en vano.*

1 Corintios 15.58

INTRODUCCIÓN

*Las ovejas escuchan su voz. Llama a sus ovejas
por nombre y las conduce afuera.*

Juan 10.3, NVI

CUANDO VEO un rebaño de ovejas veo exactamente
eso: un rebaño. Un montón de lana. Una manada de
pezuñas. No veo *una* oveja. Veo ovejas. Todas iguales.
Ninguna diferente. Eso es lo que veo.

Pero no así el pastor. Para él cada oveja es diferente.
Cada cara es especial. Cada cara tiene una historia. Y
cada oveja tiene un nombre. *La de los ojos tristes, esa
es Droopy. Y aquel que tiene una oreja parada y la otra
caída, lo llamo Oscar. Y ese pequeño que tiene la
mancha negra en la pata, es huérfano y no tiene
hermanos. Lo llamo José.*

El pastor conoce a sus ovejas. Las llama por sus
nombres.

Cuando vemos una multitud, vemos exactamente
eso: una multitud. Llenando un estadio o inundando
un centro de compras. Cuando vemos una multitud,
vemos gente, no personas, sino gente. Una manada de
humanos. Un rebaño de rostros. Eso es lo que vemos.

Pero no así el Pastor. Para Él cada rostro es diferente. Cada cara es una historia. Cada rostro es un niño. Cada niño tiene un nombre. *La de los ojos tristes, esa es Sally. Aquel viejito que tiene una ceja levantada y la otra baja, su nombre es Harry. ¿Y ese joven que cojea? Es huérfano y no tiene hermanos. Lo llamo Joey.*

El Pastor conoce a sus ovejas. Conoce a cada una por su nombre. El Pastor te conoce. Conoce tu nombre. Y nunca lo olvidará. *En las palmas de las manos te tengo esculpida* (Isaías 49.16).

Pensamiento sorprendente, ¿no te parece? Tu nombre en la mano de Dios. Tu nombre en los labios de Dios. Tal vez hayas visto tu nombre en algunos sitios especiales. En un premio o un diploma o sobre una puerta de madera de nogal. O quizás hayas escuchado tu nombre de boca de algunas personas importantes: un entrenador, una celebridad, un maestro. Pero pensar que tu nombre está en la mano de Dios y en los labios de Dios... vaya, ¿será eso posible?

O posiblemente nunca has visto que sea honrado tu nombre. Y no puedes recordar si alguna vez escuchaste que lo mencionaran con gentileza. Si ese es el caso, es posible que te resulte aún más difícil creer que Dios conoce tu nombre.

Pero sí lo conoce. Escrito en su mano. Expresado por su boca. Susurrado por sus labios. Tu nombre. Y no sólo el nombre que ahora tienes, sino el nombre que Él te tiene reservado. Un nuevo nombre que te dará... pero aguarda, me estoy adelantando. Te contaré acerca del nuevo nombre en el último capítulo. Esta sólo es la introducción.

De modo que... ¿puedo presentarte este libro? Es un libro de esperanza. Un libro cuyo único objetivo es el de dar ánimo. Durante este último año he cosechado ideas de diversos campos. Y aunque sus tamaños y sabores son variados, su propósito es singular: brindarte a ti, el lector, una palabra de esperanza. Me pareció que podía hacerte falta.

Has estado en mi mente al escribir. A menudo he pensado en ti. Sinceramente lo he hecho. A través de los años he llegado a conocer a muchos bastante bien. He leído tus cartas, te he dado un apretón de manos y he observado tus ojos. Creo que te conozco.

Estás ocupado. El tiempo pasa antes que finalicen tus tareas. Y si tienes la oportunidad de leer, es sin duda muy escasa.

Estás ansiosos. Las malas noticias se propagan más rápido que las buenas. Los problemas son más numerosos que las soluciones. Y estás preocupado. ¿Qué futuro tienen tus hijos aquí en esta tierra? ¿Qué futuro tienes tú?

Eres cauteloso. Ya no confías con tanta facilidad como antes.

Los políticos mintieron. El sistema falló. El ministro transó. Su cónyuge fue infiel. No es fácil confiar. No es que no quieras hacerlo. Simplemente se trata de que quieres ser cuidadoso.

Hay una cosa más. Has cometido algunos errores. Conocí a alguien en una librería de Michigan. Un hombre de negocios, rara vez salías de tu oficina y menos para conocer a un autor. Pero en esa ocasión lo hiciste. Te lamentabas por las muchas horas de trabajo y las pocas horas que pasabas en casa y deseabas hablar.

Y la madre sola en Chicago. Un niño te halaba, el otro lloraba, pero haciendo malabarismo con ambos, presentaste tu argumento. «Cometí errores», explicaste, «pero verdaderamente deseo hacer un nuevo intento».

Y esa noche en Fresno. El músico cantó, yo hablé y viniste. Casi no lo hiciste. Casi te quedas en casa. Ese día encontraste la nota de tu esposa. Ella te iba a dejar. Pero igual viniste. Esperabas que tuviese algo para el dolor. Esperabas que tuviese una respuesta. ¿Dónde está Dios en un momento como este?

Y así al escribir, pensé en ti. En todos como tú. No eres malicioso. No eres malvado. No eres de corazón duro, (a veces de cabeza dura, pero no de corazón duro). Realmente deseas hacer lo correcto. Pero a veces la vida da un vuelco para peor. Muchas veces nos hace falta un recordatorio.

No un sermón.
Un recordatorio.
Un recordatorio de que Dios conoce tu nombre.

Para este libro se presentaron muchos capítulos a la audición, pero no todos se seleccionaron. Después de todo, no servía cualquier capítulo. Se requería brevedad, pues estás ocupado. Se necesitaba esperanza, pues estás ansioso. Se exigía lealtad a las Escrituras, pues eres cauteloso. Intenté brindarte un repertorio de capítulos que reciten bien las letras de la gracia y canten bien la melodía de gozo. Pues tú eres el huésped del Maestro y Él prepara un concierto que nunca olvidarás.

PARTE UNO

La canción del trovador

mi esposa le encantan las antigüedades. A mí no. (Me resultan un poco viejas.) Pero como amo a mi esposa, a veces me encuentro guiando a tres niñas por un negocio de antigüedades mientras Denalyn hace compras.

Tal es el precio del amor.

El secreto de la supervivencia en un negocio de reliquias es encontrar una silla y un viejo libro y acomodarse para soportar la larga jornada. Eso fue lo que hice ayer. Luego de advertir a las niñas que miraran con sus ojos, no con sus manos, me senté en una mullida mecedora con algunas revistas Life de los años cincuenta.

Fue en ese momento que escuché la música. Música de piano. Música bella. De la obra de Rogers y Hammerstein. Las colinas adquirían vida con el sonido de la destreza de alguien en el teclado.

Giré para ver quién tocaba, pero no podía ver a nadie. Me incorporé y me acerqué. Un pequeño grupo de oyentes se había juntado ante el viejo piano vertical. Entre los muebles podía ver la pequeña espalda del pianista. ¡Vaya, sólo es un niña! Dando unos pasos más pude ver su cabello. Corto, rubio y gracioso como... ¡Sorprendente, es Andrea!

Nuestra hija de siete años estaba sentada al piano recorriendo con sus manos el teclado de punta a punta. Quedé anonadado. ¿Qué regalo del cielo es este que pueda tocar de tal manera? Se habrá activado algún gen que ella heredó de mi familia. Pero al acercarme más, pude ver el verdadero motivo. Andrea «tocaba» un piano automático. No producía la música; la seguía. No tenía el control del teclado, sino que intentaba seguir el ritmo. Aunque parecía ejecutar la canción, en realidad, sólo intentaba seguir el ritmo de una canción ya escrita. Cuando una tecla se hundía, sus manos disparaban.

¡Ah, pero si pudieras haber visto su pequeño rostro, alegre y risueño! Ojos que danzaban del mismo modo que lo habrían hecho sus pies de haber sido posible ponerse de pie y tocar al mismo tiempo.

Me daba cuenta del porqué estaba tan feliz. Se sentó con la intención de tocar «Chopsticks»,[1] pero en lugar de eso tocó «The Sound of Music».[2] Aun más importante era que resultaba imposible que fracasara. Uno más grande que ella determinaba el sonido. Andrea tenía la libertad de tocar todo lo que quisiese, sabiendo que la música nunca sufriría.

No es de sorprenderse que se regocijase. Tenía por qué hacerlo. También nosotros.

---

1. N. del T. Una sencilla canción que suelen tocar los chicos en el piano.
2. N. del T. Canción tema de la película «La novicia rebelde».

¿No nos ha prometido Dios lo mismo? Nos sentamos ante el teclado, dispuestos a ejecutar la única canción que sabemos, pero descubrimos una nueva canción. Una canción sublime. Y nadie se sorprende más que nosotros cuando nuestros esfuerzos endebles se transforman en momentos melodiosos.

Tú tienes una, ¿lo sabes?, una canción completamente tuya. Cada uno de nosotros la tiene. La única pregunta es: ¿la tocarás?

De paso, al mirar cómo «tocaba» Andrea ese día en la tienda de antigüedades observé un par de cosas.

Noté que el piano recibía todo el crédito. La multitud reunida apreciaba los esfuerzos de Andrea, pero conocía la verdadera fuente de la música. Cuando Dios obra, sucede lo mismo. Es posible que aplaudamos al discípulo, pero nadie sabe mejor que el propio discípulo quién en realidad merece la alabanza.

Pero eso no impide que el discípulo se siente en la banqueta. Por cierto que no impidió que Andrea se sentase al piano. ¿Por qué? Porque sabía que no era posible que fracasase. Incluso sin entender cómo funcionaba, sabía que lo hacía.

Así que se sentó al teclado... y fue una experiencia memorable.

Aun cuando es posible que no entiendas cómo obra Dios, sabes que lo hace.

De modo que adelante. Arrima una banqueta, siéntate al piano y toca.

CAPÍTULO UNO

La voz proveniente del balde de limpiar

EL PASILLO está en silencio excepto por las ruedas del balde y los pies que va arrastrando el viejo. Ambos suenan cansados.

Ambos conocen estos pisos. ¿Cuántas noches los ha limpiado Hank? Siempre cuidando de limpiar los rincones. Siempre cuidadoso de colocar su letrero amarillo de advertencia debido a los pisos mojados. Siempre se ríe al hacerlo. «Cuidado todos», se ríe para adentro, sabiendo que no hay nadie cerca.

No a las tres de la mañana.

La salud de Hank ya no es la de antes. La gota siempre lo mantiene despierto. La artritis lo hace renguear. Sus gafas son tan gruesas que sus globos oculares aparentan ser el doble de su tamaño real. Sus hombros están caídos. Pero realiza su trabajo. Empapa el piso con agua jabonosa. Friega las marcas de los tacones que han dejado los abogados de paso firme. Acabará su tarea una hora antes de la hora de irse. Siempre finaliza temprano. Ha sido así durante veinte años.

Cuando acabe guardará su balde y se sentará afuera de la oficina del socio de mayor antigüedad y esperará. Nunca se va temprano. Podría hacerlo. Nadie lo sabría. Pero no lo hace.

Una vez quebrantó las reglas. Nunca más.

A veces, si la puerta está abierta, entra a la oficina. No por mucho tiempo. Sólo para mirar. La oficina es más grande que su apartamento. Recorre con su dedo el escritorio. Acaricia el sofá de suave cuero. Se queda de pie ante la ventana y observa mientras el cielo gris se torna dorado. Y recuerda.

Una vez tuvo una oficina como esta.

Por allá cuando Hank era Henry. En aquel entonces el encargado de limpieza era un ejecutivo. Hace mucho tiempo. Antes del turno noche. Antes del balde de limpiar. Antes del uniforme de mantenimiento. Antes del escándalo.

Hank ya no piensa mucho en el asunto. No hay razón para hacerlo. Se metió en dificultades, lo despidieron y se fue de allí. Eso es todo. No hay muchos que sepan del asunto. Mejor así. No hay necesidad de decirles nada al respecto.

Es su secreto.

La historia de Hank, dicho sea de paso, es real. Cambié el nombre y un detalle o dos. Le asigné un trabajo diferente y lo ubiqué en un siglo diferente. Pero la historia es verídica. La has escuchado. La conoces. Cuando te dé su verdadero nombre, te acordarás.

Pero más que una historia verdadera, es una historia común. Es una historia sobre un sueño descarrilado. Es una historia de una colisión entre esperanzas elevadas y duras realidades.

Les sucede a todos los soñadores. Y como todos hemos soñado, nos sucede a todos.

En el caso de Hank, se trataba de un error que nunca podría olvidar. Un grave error. Hank mató a alguien. Se encontró con un matón que golpeaba a un hombre inocente y Hank perdió el control. Asesinó al asaltante. Cuando se corrió la voz, Hank se fue.

Hank prefiere esconderse antes que ir a la cárcel. De modo que corrió. El ejecutivo se convirtió en un fugitivo.

Historia verídica. Historia común. La mayoría de las historias no llega al extremo de la de Hank. Pocos pasan sus vidas huyendo de la ley. Muchos, sin embargo, viven con remordimientos.

La voz proveniente del balde de limpia

«Podría haber tenido una beca en golf en la universidad», me dijo un hombre la semana pasada estando en la cuarta área de salida. «Tuve una oferta apenas salí de la secundaria. Pero me uní a una banda de rock-and-roll. Al final nunca fui. Ahora estoy atrapado reparando puertas de garaje».

«Ahora estoy atrapado». Epitafio de un sueño descarrilado.

Toma un anuario de la escuela secundaria y lee la frase de «Lo que quiero hacer» debajo de cada retrato. Te marearás al respirar el aire enrarecido de visiones de cumbres de montañas:

«Estudiar en universidad de renombre».
«Escribir libros y vivir en Suiza».
«Ser médico en país del Tercer Mundo».
«Enseñar a niños en barrios pobres».

Sin embargo, lleva el anuario a una reunión de ex compañeros a los veinte años de graduados y lee el siguiente capítulo. Algunos sueños se han convertido en realidad, pero muchos no. Entiende que no es que todos deban concretarse. Espero que ese pequeñito que soñaba con ser un luchador de sumo haya recuperado su sentido común. Y espero que no haya perdido su pasión durante el proceso. Cambiar de dirección en la vida no es trágico. Perder la pasión sí lo es.

Algo nos sucede en el trayecto. Las convicciones de cambiar el mundo se van degradando hasta convertirse en compromisos de pagar las cuentas. En lugar de lograr un cambio, logramos un salario. En lugar de mirar hacia adelante, miramos hacia atrás. En lugar de mirar hacia afuera, miramos hacia adentro.

Y no nos agrada lo que vemos.

A Hank no le gustaba. Hank veía a un hombre que se había conformado con la mediocridad. Habiendo sido educado en las instituciones de mayor excelencia del mundo, trabajaba sin embargo en el turno nocturno de un trabajo de salario mínimo para no ser visto de día.

Pero todo eso cambió cuando escuchó la voz que provenía del balde. (¿Mencioné que esta historia es verídica?)

Al principio pensó que la voz era una broma. Algunos de los hombres del tercer piso hacen trucos de este tipo.

—Henry, Henry —llamaba la voz.

Hank giró. Ya nadie le decía Henry.

—Henry, Henry.

Giró hacia el balde. Resplandecía. Rojo brillante. Rojo ardiente. Podía percibir el calor a dos metros de distancia. Se acercó y miró hacia adentro. El agua no hervía.

—Esto es extraño —murmuró Hank al acercarse un paso más para poder ver con mayor claridad. Pero la voz lo detuvo.

—No te acerques más. Quítate el calzado. Estás parado sobre baldosa santa.

De repente Hank supo quién hablaba.

—¿Dios?

No estoy inventando esto. Sé que piensas que sí lo hago. Suena alocado. Casi irreverente. ¿Dios hablando desde un balde caliente a un conserje de nombre

Hank? ¿Sería creíble si dijese que Dios le hablaba desde una zarza ardiente a un pastor llamado Moisés?

Tal vez esa versión sea más fácil de analizar... porque la has escuchado antes. Pero el simple hecho de que sea Moisés y una zarza en lugar de Hank y un balde no hace que sea menos espectacular.

Con seguridad a Moisés se le cayeron las sandalias por causa de la emoción. Nos preguntamos qué sorprendió más al anciano: que Dios le hablase desde una zarza o el simple hecho de que Dios le hablase.

Moisés, al igual que Hank, había cometido un error.

Recuerdas su historia. De la nobleza por adopción. Un israelita criado en un palacio egipcio. Sus compatriotas eran esclavos, pero Moisés era privilegiado. Comía a la mesa real. Fue educado en las escuelas más refinadas.

Pero la maestra que más influyó no tenía título alguno. Era su madre. Una judía que contrataron para ser su nodriza. «Moisés», casi puedes escuchar cómo le susurra a su joven hijo, «Dios te ha colocado aquí a propósito. Algún día librarás a tu pueblo. Nunca olvides, Moisés. Nunca olvides».

Moisés no lo hizo. La llama de la justicia se hizo más caliente hasta arder. Moisés vio a un egipcio que golpeaba a un esclavo hebreo. Del mismo modo que Hank mató al asaltante, Moisés asesinó al egipcio.

Al día siguiente Moisés vio al hebreo. Pensarías que el esclavo le daría las gracias. No lo hizo. En lugar de mostrar gratitud, expresó enojo. «¿Piensas matarme como mataste al egipcio?», le preguntó (véase Éxodo 2.14).

Moisés supo que estaba en dificultades. Huyó de Egipto y se ocultó en el desierto. Llámalo un cambio de carrera. Pasó de cenar con los dirigentes de estado a contar cabezas de ovejas.

No puede decirse que haya escalado una posición.

La voz proveniente del balde de limpiar

25

Y así fue que un hebreo brillante y prometedor comenzó a cuidar ovejas en las colinas. Del círculo más refinado al cultivo de algodón. De la oficina oval al taxi. De mecer el palo de golf a cavar una zanja.

Moisés pensó que el cambio era permanente. No existe evidencia de que haya albergado jamás la intención de regresar a Egipto. Es más, todo parece indicar que deseaba permanecer con sus ovejas. De pie descalzo ante la zarza, confesó: «¿Quién soy yo para que vaya a Faraón, y saque de Egipto a los hijos de Israel?» (Éxodo 3.11).

Me alegra que Moisés haya hecho esa pregunta. Es una buena pregunta. ¿Por qué Moisés? O, más específicamente, ¿por qué el Moisés de ochenta años?

La versión de cuarenta años era más atractiva. El Moisés que vimos en Egipto era más temerario y seguro. Pero el que encontramos cuatro décadas más tarde era reacio y curtido.

Si tú o yo hubiésemos visto a Moisés allá en Egipto, habríamos dicho: «Este hombre está listo para la batalla». Fue educado en el sistema más refinado del mundo. Entrenado por los soldados más hábiles. Contaba con acceso instantáneo al círculo íntimo del Faraón. Moisés hablaba su idioma y conocía sus costumbres. Era el hombre perfecto para la tarea.

Moisés a los cuarenta años nos gusta. ¿Pero Moisés a los ochenta? De ninguna manera. Demasiado viejo. Demasiado cansado. Huele a pastor. Habla como extranjero. ¿Qué impacto causaría al Faraón? No es el hombre indicado para la tarea.

Y Moisés habría estado de acuerdo. «Ya lo intenté antes», diría él. «Ese pueblo no quiere ayuda. Sólo déjame aquí para cuidar de mis ovejas. Son más fáciles de guiar».

Moisés no habría ido. Tú no lo habrías enviado. Yo no lo habría enviado.

Pero Dios sí lo hizo. ¿Cómo se entiende esto? En el banco de suplentes a los cuarenta y titular a los ochenta. ¿Por qué? ¿Qué sabe ahora que en aquel entonces desconocía? ¿Qué aprendió en el desierto que en Egipto no aprendió?

Para empezar, la vida en el desierto. El Moisés de cuarenta años era uno de la ciudad. El octogenario conoce el nombre de cada serpiente y la ubicación de cada pozo de agua. Si debe conducir a miles de hebreos en el desierto, será mejor que conozca lo básico de la vida en el desierto.

La voz proveniente del balde de limpiar

Otro asunto es la dinámica de la familia. Si debe viajar con familias durante cuarenta años, es posible que le sea de ayuda comprender cómo actúan. Contrae matrimonio con una mujer de fe, la hija de un sacerdote madianita, y establece su familia.

Pero aún más importante que la vida en el desierto y la gente, Moisés necesita aprender algo acerca de sí mismo.

Al parecer lo ha aprendido. Dios dice que Moisés está listo.

Y para convencerlo, le habla a través de un arbusto. (Era necesario que hiciese algo dramático para captar la atención de Moisés.)

«Se acabaron las clases», le dice Dios. «Ha llegado el momento de ponerse a trabajar». Pobre Moisés. Ni siquiera sabía que estaba inscrito.

Pero sí lo estaba. Y, adivina qué. También lo estás tú. La voz de la zarza es la voz que te susurra. Te recuerda que Dios aún no ha acabado contigo. Claro que es posible que pienses que sí ha acabado. Tal vez pienses que ya estás en descenso. Quizás pienses que tiene otro que puede realizar la tarea.

Si eso es lo que piensas, reconsidera.

«El que comenzó en vosotros la buena obra, la perfeccionará hasta el día de Jesucristo».[3]

¿Viste lo que hace Dios? *Una buena obra en ti.*

¿Viste cuando la acabará? *Cuando regrese Jesús.*

---

3. Filipenses 1.6.

¿Me permites deletrear el mensaje? *Dios aún no ha terminado su obra en ti.*

Tu Padre quiere que sepas eso. Y para convencerte, es posible que te sorprenda. Quizás te hable a través de un balde, o más extraño aun, tal vez te hable por medio de este libro.

Cuando

Dios

susurra

tu

nombre

CAPÍTULO DOS

Por qué iba Jesús a fiestas

*H*ABÍA PLANIFICADO escribir un capítulo basado en doce versículos esta semana, pero no logré pasar más allá del segundo versículo. No debería hacer eso. Se supone que presente la historia completa. Tenía la intención de hacerlo, de veras que sí. Pero me quedé atrapado. El segundo versículo no me soltaba, me tomó como rehén, así que dediqué la lección completa a un versículo. Resultó ser una pequeña frase cautivante.

Te contaré acerca de la misma, luego de preparar el escenario.

Imagínate seis hombres caminando por un estrecho camino. El dorado amanecer irrumpe a sus espaldas, haciendo que se alarguen las sombras hacia el frente. El fresco de la madrugada obliga a ceñirse firmemente las ropas. La hierba resplandece por el efecto de los diamantes de rocío.

Los rostros de los hombres tienen vehemencia, pero son comunes. Su líder es seguro, pero desconocido. Lo llaman Rabí; más se parece a un obrero. Y

29

está bien que así sea, pues ha pasado mucho más tiempo construyendo que enseñando. Pero esta semana se ha iniciado la enseñanza.

¿Hacia dónde se dirigen? ¿Al templo para adorar? ¿A la sinagoga para enseñar? ¿A las colinas para orar? No se les ha dicho, pero cada uno tiene su idea al respecto.

Juan y Andrés esperan que los lleven al desierto. Allí fue donde los llevó su maestro anterior. Juan el Bautista los guiaba a las colinas desérticas y oraban muchas horas. Ayunaban durante días. Anhelaban la llegada del Mesías. Y ahora, el Mesías está aquí.

Seguramente Él hará lo mismo.

Todos saben que un Mesías es un hombre santo. Todos saben que el negarse uno mismo es el primer paso hacia la santidad. Con toda seguridad la voz de Dios la oyen primero los ermitaños. *Jesús nos lleva a la soledad.* Al menos eso piensan Juan y Andrés.

Pedro tiene otra opinión. Pedro es un hombre de acción. Del tipo de persona que se arremanga. De los que se ponen de pie y hablan. Le agrada la idea de ir hacia alguna parte. El pueblo de Dios necesita estar en movimiento. *Quizás nos lleva a algún sitio para predicar*, piensa para sí. Y al caminar, Pedro bosqueja su propio sermón, por si Jesús necesita un descanso.

Natanael estaría en desacuerdo. *Ven y ve*, había invitado su amigo Felipe. De modo que vino. Y a Natanael le agradó lo que vio. En Jesús vio a un hombre de pensamiento profundo. Un hombre de meditación. Un corazón para la contemplación. Un hombre que, al igual que Natanael, había pasado horas bajo la higuera reflexionando acerca de los misterios de la vida. Natanael estaba convencido de que Jesús los llevaba a un sitio donde reflexionar. *Una silenciosa casa en una lejana montaña, hacia allí nos dirigimos.*

¿Y con respecto a Felipe? ¿Qué pensaba él? Era el único apóstol de nombre gentil. Cuando los griegos vinieron buscando a Jesús, Felipe fue la persona a la que se acercaron. Posiblemente tenía contactos griegos. Tal vez tenía un corazón para los gentiles. De ser así, esperaba que esta travesía fuese un viaje misionero... fuera de Galilea. Fuera de Judea. Entrando a una tierra lejana.

¿Ocurrió tal especulación? ¿Quién lo sabe? Sé que ocurre hoy en día.

Sé que los seguidores de Jesús a menudo se alistan con elevadas aspiraciones y expectativas. Los discípulos entran a las filas con programas sin verbalizar pero sentidos. Labios listos para predicar a miles. Ojos fijos en costas extranjeras. *Sé hacia dónde me llevará Jesús*, proclaman los jóvenes discípulos, y así ellos, al igual que los primeros cinco, siguen.

Y ellos, al igual que los primeros cinco, son sorprendidos.

Quizás fue Andrés el que lo preguntó. A lo mejor Pedro. Es posible que todos se hayan dirigido a Jesús. Pero apuesto a que en algún momento del viaje los discípulos expresaron sus suposiciones.

—Así que Rabí, ¿hacia dónde nos llevas? ¿Al desierto?

—No —opina otro—, nos lleva al templo.

—¿Al templo? —desafía un tercero—. ¡Nos dirigimos hacia donde están los gentiles!

Luego se genera un coro de confusión que acaba únicamente al levantar Jesús su mano y decir con suavidad:

—Nos dirigimos a un casamiento.

Silencio. Juan y Andrés se miran entre sí.

—¿Un casamiento? —dicen—. Juan el Bautista jamás habría asistido a un casamiento. Vaya, si allí se bebe, hay risas y bailes...

—¡Y ruido! —aporta Felipe—. ¿Cómo se puede meditar en un ruidoso casamiento?

—¿O predicar? —agrega Pedro.

—¿Por qué tenemos que ir a un casamiento?

Buena pregunta. ¿Por qué llevaría Jesús a sus seguidores, en su primer viaje, a una fiesta? ¿No tenían trabajo que realizar? ¿No tenía principios que enseñar? ¿No estaba limitado su tiempo? ¿Cómo podía caber un casamiento en su propósito en la tierra?

Cuando Dios susurra tu nombre

¿Por qué fue Jesús al casamiento?

¿La respuesta? Se encuentra en el segundo versículo de Juan 2 (el versículo del cual no pude pasar). «Y fueron también invitados a las bodas Jesús y sus discípulos».

Cuando los novios hicieron la lista de invitados, incluyeron el nombre de Jesús. Y cuando Jesús se presentó con una media docena de amigos, no fue revocada la invitación. Quienquiera que fuese el anfitrión de esta fiesta estaba feliz de que Jesús estuviese presente.

—Asegúrense de anotar el nombre de Jesús en la lista —quizás haya dicho—. Él verdaderamente le da vida a una fiesta.

Jesús no fue invitado por ser una celebridad. Aún no lo era. La invitación no la motivó sus milagros. Todavía no había efectuado ninguno. ¿Por qué lo invitaron?

Supongo que se debía a que lo querían.

¿Gran cosa? A mí me parece que sí. Creo que es significativo que la gente común de un pequeño pueblo disfrutara de estar con Jesús. Creo que vale la pena destacar que el Todopoderoso no se comportaba de manera arrogante. El Santo no era santurrón. Aquel que todo lo sabía no era un sabelotodo. El que hizo las estrellas no tenía la cabeza metida en ellas. El que posee todo lo que hay en la tierra nunca la recorrió con altivez.

Nunca. Pudo haberlo hecho. ¡Ciertamente podría haberlo hecho!

Podría haber sido de los que dejan escapar nombres al descuido: *«¿Alguna vez te conté de la ocasión en que Moisés y yo subimos a la montaña?»*

Podría haber sido jactancioso: «*Oye, ¿quieres que te teletransporte al siglo veinte?*»

Podría haber sido un engreído: «*Sé lo que estás pensando. ¿Quieres que te lo demuestre?*»

Podría haber sido altanero y soberbio: «*Poseo algunas tierras en Júpiter...*»

Jesús podría haber sido todas estas cosas, pero no lo fue. Su propósito no era jactarse, sino sólo acudir. Se esforzó sobremanera por ser tan humano como cualquier otro. No necesitaba estudiar y sin embargo iba a la sinagoga. No tenía necesidad de ingresos y sin embargo trabajaba en el taller. Conocía la comunión con los ángeles y escuchaba las arpas del cielo, sin embargo asistía a fiestas organizadas por cobradores de impuestos. Y sobre sus hombros pesaba el desafío de redimir a la creación, no obstante, dedicó el tiempo de recorrer a pie ciento cuarenta y cuatro kilómetros que separaba a Jericó de Caná para asistir a una boda.

Como resultado, la gente lo quería. Por supuesto que había quienes se burlaban de sus declaraciones. Lo llamaban blasfemo, pero nunca lo acusaron de fanfarrón. Lo acusaron de herejía, pero nunca de arrogancia. Lo tildaron de radical, pero nunca de inaccesible.

No existe indicio de que alguna vez haya usado su condición celestial para ganancia personal. Jamás. Simplemente uno no recibe la impresión de que sus vecinos se hayan cansado de su arrogancia y hayan preguntado: «Pues bien, ¿quién piensas que te hizo Dios?»

Su fe hacía que le amasen, no que lo detestasen. ¡Ojalá la nuestra produjese el mismo efecto!

¿De dónde sacamos la idea de que un buen cristiano es un cristiano solemne? ¿Quién inició el rumor de que lo que identifica a un discípulo es una cara larga? ¿Cómo creamos esta idea de que los verdaderamente dotados son los de corazón apesadumbrado?

¿Me permites declarar una opinión que tal vez produzca el arqueo de una ceja? ¿Me permites que te diga por qué pienso que fue Jesús al casamiento? Pienso que fue al casamiento para... agárrate fuerte, presta atención a lo que digo, permíteme que lo diga antes de que calientes la brea y desplumes la gallina... creo que Jesús fue al casamiento para divertirse.

Considéralo. Había sido una temporada difícil. Cuarenta días en el desierto. Nada de comida ni agua. Una confrontación con el diablo. Una semana dedicada a la iniciación de unos novatos galileos. Un cambio de trabajo. Se ha ido de casa. No ha sido fácil. Un descanso sería bienvenido. Una buena comida con buen vino acompañados de buenos amigos... pues bien, suena bastante agradable.

Así que hacia allá se dirigen.

Su propósito no era el de convertir el agua en vino. Eso fue un favor para sus amigos.

Su propósito no era el de demostrar su poder. El anfitrión del casamiento ni siquiera supo lo que hizo Jesús.

Su propósito no era el de predicar. No existe constancia de un sermón.

Realmente queda sólo un motivo. Diversión. Jesús fue al casamiento porque quería a la gente, le gustaba la comida y, el cielo no lo permita, hasta puede ser que haya querido dar un par de vueltas bailando con la novia. (Después de todo, Él mismo está preparando una gran boda. ¿Sería que quería practicar?)

Así que, perdónenme, diácono Polvoseco y hermana Corazontriste. Lamento arruinar su marcha fúnebre, pero Jesús era una persona amada. Y sus discípulos debieran serlo también. No hablo de libertinaje, borrachera y adulterio. No apoyo la transigencia, la grosería ni la obscenidad. Sólo soy un cruzado a favor de la libertad de disfrutar de un buen chiste, dar vida a una fiesta aburrida y apreciar una noche entretenida.

Tal vez estos pensamientos te sorprendan. A mí también. Hace bastante que no tildo a Jesús de amante de fiestas. Pero lo era. ¡Sus adversarios lo acusaban de comer demasiado, beber demasiado y de andar con el tipo menos adecuado de personas! (Véase Mateo 11.19.) Debo confesar: Hace rato que no me acusan de divertirme demasiado. ¿Y a ti?

Solíamos ser buenos para eso. ¿Qué nos ha sucedido? ¿Qué le pasó al gozo puro y a la risa sonora? ¿Será que nos atoran nuestras corbatas? ¿Será que nos dignifican nuestros diplomas? ¿Será que los bancos de iglesia nos ponen tiesos?

Por qué iba Jesús a fiestas

¿No sería posible que aprendamos a ser niños otra vez?

Traigan las canicas... (¿y qué si los zapatos se estropean?).

Traigan el bate y el guante... (¿y qué si duelen los músculos?).

Traigan los caramelos... (¿y qué si se te pegan a los dientes?).

Vuelve a ser niño. Sé simpático. Ríete. Moja tu galletita en tu leche. Duerme una siesta. Pide perdón si hieres a alguien. Persigue una mariposa. Vuelve a ser niño.

Relájate. ¿No tienes personas que abrazar ni piedras que saltar ni labios que besar? Alguien debe reírse de Bugs Bunny; ¿por qué no tú? Algún día aprenderás a pintar; ¿por qué no hacerlo ahora? Algún día te jubilarás; ¿por qué no hacerlo hoy?

No me refiero a jubilarte de tu trabajo, sólo jubilarte de tu actitud. Sinceramente, ¿alguna vez las quejas han mejorado el día? ¿Ha pagado las cuentas el rezongar? ¿Ha producido algún cambio la preocupación por el mañana?

Deja que otro controle el mundo por un tiempo.

Jesús dedicó tiempo para una fiesta... ¿no deberíamos hacerlo nosotros también?

CAPÍTULO TRES

Héroes ocultos

LOS VERDADEROS HÉROES son difíciles de identificar. No parecen héroes. He aquí un ejemplo.

Entra conmigo a un húmedo calabozo en Judea. Atisba a través de la pequeña ventana en la puerta. Considera el estado del hombre que está en el piso. Acaba de inaugurar el movimiento más grande de la historia. Sus palabras hicieron estallar una revolución que abarcará dos milenios. Historiadores futuros lo describirán como denodado, noble y visionario.

Pero en este momento parece cualquier cosa menos eso. Mejillas hundidas. Barba apelmazada. Confusión dibujada en su rostro. Se inclina hacia atrás apoyándose en la fría pared, cierra sus ojos y suspira.

Juan nunca conoció la duda. Hambre, sí. Soledad, con frecuencia. ¿Pero duda? Nunca. Sólo cruda convicción, pronunciamientos despiadados y áspera verdad. Tal era Juan el Bautista. Convicción tan feroz como el sol del desierto.

Hasta el momento. Ahora se ha bloqueado el sol. Ahora su coraje mengua. Ahora vienen las nubes. Y ahora, al enfrentarse a la muerte, no levanta un puño de victoria; sólo eleva una pregunta. Su acto final no es una proclama de valor, sino una declaración de confusión: «Averigüen si Jesús es o no el Hijo de Dios».

El precursor del Mesías le teme al fracaso. *Averigüen si he dicho la verdad. Averigüen si he enviado a la gente al Mesías correcto. Averigüen si he estado en lo cierto o si he sido engañado.*[1]

No suena demasiado heroico, ¿verdad?

Preferiríamos que Juan muriese en paz. Preferiríamos que el pionero alcanzase a vislumbrar la montaña. Parece ser poco justo que se le conceda al marinero la vista de la costa. Después de todo, ¿no se le permitió a Moisés una vista del valle? ¿No es Juan el primo de Jesús? Si alguno merece ver el final de esa senda, ¿no es él?

Aparentemente no.

Los milagros que profetizó, nunca los vio. El reino que anunció, nunca conoció. Y del Mesías que proclamó, ahora duda.

Juan no tiene la apariencia del profeta que sería la transición entre la ley y la gracia. No tiene aspecto de héroe.

Los héroes rara vez parecen serlo.

¿Permites que te lleve a otra prisión para un segundo ejemplo?

En esta ocasión la cárcel está en Roma. El hombre se llama Pablo. Lo que hizo Juan para presentar a Cristo, lo hizo Pablo para explicarlo. Juan despejó el camino; Pablo erigió pilares de señalización.

Al igual que Juan, Pablo dio forma a la historia. Y al igual que Juan, Pablo habría de morir en la cárcel de un déspota. No hubo titulares que anunciasen su ejecución. Ningún testigo registró los hechos. Cuando el hacha golpeó el cuello de Pablo, los ojos de la sociedad no parpadearon. Para ellos Pablo era un representante peculiar de una extraña fe.

---

1. Véase Mateo 11.2.

Espía hacia adentro de la prisión y míralo tú mismo: doblado y frágil, esposado al brazo de un guardia romano. He aquí el apóstol de Dios. ¿Quién sabe cuándo fue la última vez que su espalda sintió una cama o su boca degustó una buena comida? Tres décadas de viaje y dificultades, ¿y qué sacó de todo eso?

Hay peleas en Filipo, competencia en Corinto, los legalistas pululan en Galacia. Creta está plagada de amantes de dinero. Éfeso está acechada por mujeriegos. Incluso algunos de los amigos de Pablo se han puesto en su contra.

En total bancarrota. Sin familia. Sin propiedad. Corto de vista y desgastado.

Es verdad que vivió momentos destacados. Habló una vez con un emperador, pero no pudo convertirlo. Dio un discurso en un club de hombres del Areópago, pero no se le volvió a pedir que hablase allí. Pasó unos pocos días con Pedro y los muchachos en Jerusalén, pero al parecer no lograron congeniar, así que Pablo se dedicó a recorrer los caminos.

Y nunca se detuvo. Éfeso, Tesalónica, Atenas, Siracusa, Malta. La única lista más larga de su itinerario fue la de su mala fortuna. Lo apedrearon en una ciudad y en otra quedó varado. Casi se ahoga tantas veces como casi se muere de hambre. Si permanecía más de una semana en un mismo sitio, a lo mejor se trataba de una prisión.

Nunca percibió salario. Debía costearse sus viajes. Mantuvo un trabajo a tiempo parcial en forma paralela para cubrir sus gastos.

No parece un héroe.

Tampoco suena como uno. Se presentaba como el peor pecador de la historia. Fue un matacristianos antes de ser un líder cristiano. En ocasiones su corazón estaba tan apesadumbrado que su pluma cruzaba la página arrastrándose. «¡Qué hombre tan miserable soy! ¿Quién me rescatará de este cuerpo de muerte?» (Romanos 7.24, NVI).

Sólo el cielo sabe cuánto tiempo se quedó mirando la pregunta antes de juntar el coraje necesario para desafiar a la lógica y escribir: «¡Gracias a Dios, por medio de Jesucristo nuestro Señor!» (Romanos 7.25, NVI).

Cuando Dios susurra tu nombre

Un minuto controla la situación; al siguiente duda. Un día predica; al siguiente está en prisión. Y es allí donde me gustaría que lo observases. Míralo en la prisión.

Simula que no lo conoces. Eres un guardia o un cocinero o un amigo del verdugo, y has venido para echarle un último vistazo al tipo mientras afilan el hacha.

Lo que ves que arrastra los pies al desplazarse por su celda no es gran cosa. Pero cuando me inclino hacia ti y te digo:

—Ese hombre determinará el curso de la historia.

Te ríes, pero sigo.

—La fama de Nerón se desvanecerá ante la luz de este hombre.

Te das vuelta con expresión de asombro. Continúo.

—Sus iglesias morirán. ¿Pero sus pensamientos? Al cabo de doscientos años sus pensamientos afectarán la enseñanza de cada escuela de este continente.

Mueves la cabeza.

—¿Ves esas cartas? ¿Esas cartas garabateadas en pergamino? Se leerán en miles de idiomas e impactarán todo credo y constitución de importancia del futuro. Cada figura de relevancia las leerá. Las leerán todas.

Ahí fue que reaccionaste.

—De ninguna manera. Es un hombre viejo de fe extraña. Lo matarán y olvidarán antes de que su cabeza golpee contra el piso.

¿Quién podría estar en desacuerdo? ¿Cuál pensador racional opinaría lo contrario?

El nombre de Pablo volaría como el polvo en el que habrían de convertirse sus huesos.

40

Asimismo los de Juan. Ningún observador equilibrado pensaría de manera diferente. Ambos eran nobles, pero pasajeros. Denodados, pero pequeños. Radicales, pero inadvertidos. Nadie, repito, nadie, se despidió de estos hombres pensando que sus nombres se recordarían por más de una generación.

Sus compañeros simplemente no tenían forma de saberlo... y tampoco nosotros.

Por eso, un héroe podría ser tu vecino sin que lo supieses. El hombre que cambia el aceite de tu auto podría ser uno. ¿Un héroe en ropa de trabajo? A lo mejor. Quizás al trabajar ora, pidiéndole a Dios que le haga al corazón del conductor lo que él le hace al motor.

¿La encargada de la guardería donde deja a sus hijos? Tal vez. Quizás sus oraciones matinales incluyen el nombre de cada niño y el sueño de que alguno de ellos llegue a cambiar al mundo. ¿Quién sabe si Dios no escucha?

¿La oficial del centro a cargo de los que están en libertad condicional? Podría ser un héroe. Podría ser la que presenta un desafío a un ex convicto para que desafíe a los jóvenes para que a su vez reten a las pandillas.

Lo sé, lo sé. Estas personas no encajan en nuestra imagen de un héroe. Parecen demasiado, demasiado... bueno, normales. Queremos cuatro estrellas, títulos y titulares. Pero algo me dice que por cada héroe de candilejas, existen docenas que están en las sombras. La prensa no les presta atención. No atraen a multitudes. ¡Ni siquiera escriben libros!

Pero detrás de cada alud hay un copo de nieve.

Detrás de un desprendimiento de rocas hay un guijarro.

Una explosión atómica comienza con un átomo.

Y un avivamiento puede empezar con un sermón.

La historia lo demuestra. John Egglen nunca había predicado un sermón en su vida. Jamás.

No es que no quisiera hacerlo, sólo que nunca tuvo la necesidad de hacerlo. Pero una mañana lo hizo. La nieve cubrió de blanco su ciudad, Colchester, Inglaterra. Cuando se despertó esa mañana de domingo de enero de 1850, pensó quedar en casa. ¿Quién iría a la iglesia en medio de semejante condición climática?

Pero cambió de parecer. Después de todo era un diácono. Y si los diáconos no iban, ¿quién lo haría? De modo que se calzó las botas, se puso el sombrero y el sobretodo, y caminó las seis millas hasta la iglesia metodista.

No fue el único miembro que consideró la posibilidad de quedarse en casa. Es más, fue uno de los pocos que asistieron. Sólo había trece personas presentes. Doce miembros y un visitante. Incluso el ministro estaba atrapado por la nieve. Alguien sugirió que volviesen a casa. Egglen no aceptó esa posibilidad. Habían llegado hasta allí; habría una reunión. Además, había una visita. Un niño de trece años.

Pero, ¿quién predicaría? Egglen era el único diácono. Le tocó a él.

Así que lo hizo. Su sermón sólo duró diez minutos. Daba vueltas y divagaba y al hacer un esfuerzo por destacar varios puntos, no remarcó ninguno en especial. Pero al final, un denuedo poco común se apoderó del hombre. Levantó sus ojos y miró directo al muchacho y le presentó un desafío: «Joven, mira a Jesús. ¡Mira! ¡Mira! ¡Mira!»

¿Produjo algún cambio ese desafío? Permitan que el muchacho, ahora un hombre, conteste: «Sí miré, y allí mismo se disipó la nube que estaba sobre mi corazón, las tinieblas se alejaron y en ese momento vi el sol».

¿El nombre del muchacho? Charles Haddon Spurgeon. El príncipe de predicadores de Inglaterra.[2]

Cuando Dios susurra tu nombre

2. *1,041 Sermon Illustrations, Ideas and Expositions* [1.041 ilustraciones, ideas y exposiciones para sermones], recopiladas y editadas por A. Gordon Nasby, Baker, Grand Rapids, 1976, pp. 180-81.

¿Supo Egglen lo que hizo? No.

¿Saben los héroes cuando realizan actos heroicos? Pocas veces.

¿Los momentos históricos se reconocen como tales cuando suceden?

Ya sabes la respuesta a esa pregunta. (Si no, una visita al pesebre te refrescará la memoria.) Rara vez vemos a la historia cuando se genera y casi nunca reconocemos a los héroes. Y mejor así, pues si estuviésemos enterados de alguno de los dos, es probable que arruinaríamos a ambos.

Héroes ocultos

Pero sería bueno que mantuviésemos los ojos abiertos. Es posible que el Spurgeon de mañana esté cortando tu césped. Y el héroe que lo inspira podría estar más cerca de lo que te imaginas.

Podría estar en tu espejo.

CAPÍTULO CUATRO

Podrías haber estado
en la Biblia

*E*XISTEN UNAS POCAS historias en la Biblia donde todo sale bien. Esta es una. Consta de tres personajes.

El primero es Felipe: un discípulo de la iglesia primitiva que tenía una inclinación hacia la gente perdida. Un día Dios lo instruyó para que fuese al camino que se dirige a Gaza desde Jerusalén. Era un camino desierto. Fue. Cuando llegó se encontró con un funcionario de Etiopía.

Debe haber sido un tanto intimidante para Felipe. Se asemejaría un poco a que te subieses a una motocicleta y siguieses al secretario de la tesorería. Al detenerte ante un semáforo observas que está leyendo la Biblia y le ofreces tus servicios.

Eso fue lo que hizo Felipe.

—¿Comprendes lo que lees?

—¿Cómo he de entender si alguien no me lo explica?

De modo que Felipe lo hizo. Realizaron un estudio bíblico en la carroza. El estudio le produce tal convicción que el etíope se bautiza ese mismo día. Y luego se separan. Felipe se va por un lado y el etíope por otro. La historia tiene un final feliz. Felipe enseña, el etíope obedece y el evangelio se envía al África.

Pero esa no es la historia completa. Recuerdas que dije que había tres personajes. El primero era Felipe; el segundo era el etíope. ¿Viste al tercero? Hay uno. Lee estos versículos y observa.

«Un ángel del Señor le dijo a Felipe: "Vete hacia el sur[...]" Así que se levantó y salió» (Hechos 8.26-27, NVI).

«El Espíritu le dijo a Felipe: "Ve a ese carro y quédate cerca de él". Felipe se acercó corriendo al carro» (Hechos 8.29-30, NVI).

¿El tercer personaje? ¡Dios! *Dios* envió al ángel. El Espíritu Santo instruyó a Felipe; ¡Dios orquestó el momento en su totalidad! Vio a este hombre piadoso que venía de Etiopía para adorar. Vio su confusión. Así que decidió resolverla.

Buscó en Jerusalén un hombre al cual enviar. Encontró a Felipe.

Nuestra típica reacción al leer estos versículos es pensar que Felipe era un tipo especial. Tenía acceso a la Oficina Oval. Llevaba un receptor de radiollamada del primer siglo que Dios ya no entrega.

Pero no te precipites demasiado. En una carta a cristianos como nosotros, Pablo escribió: «Andad en el Espíritu» (Gálatas 5.16).

«Todos los que son guiados por el Espíritu de Dios, éstos son hijos de Dios» (Romanos 8.14).

De escucharnos hablar a muchos, se pensaría que no creemos lo que dicen estos versículos. Se pensaría que no creemos en la Trinidad. Hablamos acerca del Padre y estudiamos acerca del Hijo... pero cuando se trata del Espíritu Santo, en el mejor de los casos estamos confundidos y en el peor atemorizados. Confundidos porque nunca nos han enseñado. Atemorizados porque se nos ha enseñado que temamos.

¿Me permites que simplifique un poco las cosas? El Espíritu Santo es la presencia de Dios en nuestras vidas, que lleva a cabo la obra de Jesús. El Espíritu Santo nos ayuda en tres sentidos: hacia adentro (al concedernos los frutos del Espíritu, Gálatas 5.22-24), hacia arriba (al interceder por nosotros, Romanos 8.26) y hacia afuera (al derramar el amor de Dios en nuestros corazones, Romanos 5.5).

Podrías haber estado en la Biblia

En la evangelización el Espíritu Santo ocupa el centro del escenario. Si el discípulo enseña, es porque el Espíritu enseña al discípulo (Lucas 12.12). Si el oyente queda bajo convicción, es porque el Espíritu ha penetrado (Juan 16.10). Si el oyente se convierte, es por el poder transformador del Espíritu (Romanos 8.11). Si el creyente nuevo madura, es porque el Espíritu hace que sea competente (2 Corintios 3.6).

En ti obra el mismo Espíritu que obró en Felipe. Algunos no me creen. Siguen siendo cautelosos. Puedo escuchar cómo murmuran entre dientes al leer: «Felipe tenía algo que no tengo. Nunca he escuchado la voz de un ángel». A lo cual respondo: «¿Cómo sabéis que Felipe sí?»

Suponemos que así sucedió. Nos han enseñado que así fue. Las figuras del franelógrafo dicen que sí sucedió. Un ángel coloca su trompeta en la oreja de Felipe, brama el anuncio y a Felipe no le queda alternativa. Luces destellantes y aleteo no son cosas a las que uno se pueda negar. Era necesario que el diácono fuera. Pero, ¿podría estar errada nuestra suposición? ¿Es posible que la voz del ángel haya sido tan milagrosa como la que escuchamos tú y yo?

¿Qué?

Has escuchado la voz que susurra tu nombre, ¿no es así? Has percibido el toque que te mueve y te has sentido impelido a hablar. ¿Acaso no te ha ocurrido?

Invitas a una pareja para tomar café. Nada heroico, sólo una grata velada con viejos amigos. Pero en cuanto entran, puedes percibir la tensión. Están más fríos que glaciares. Te das cuenta que algo anda mal. Típicamente no eres de los inquisitivos, pero sientes una inquietud que rehúsa permanecer en silencio. De modo que preguntas.

Te encuentras en una reunión de negocios donde a uno de tus compañeros recriminan con mucha dureza. Todos los demás piensan: *Me alegro que ese no haya sido yo.* Pero el Espíritu Santo te conduce a pensar: *Qué difícil debe resultar esto.* Así que, después de la reunión te acercas al empleado y le expresas tu interés.

Te llama la atención el hombre que se encuentra del lado opuesto del auditorio de la iglesia. Se ve un tanto fuera de lugar, a causa de su ropa extraña y aspecto general. Te enteras que es de África y se encuentra en la ciudad por asuntos de negocios. El siguiente domingo regresa. Y el tercer domingo está allí. Te presentas. Te cuenta de lo fascinado que está por la fe y de cómo desea aprender más. En lugar de ofrecerte para enseñarle, sólo le instas a leer la Biblia.

Más entrada la semana, te lamentas por no haber sido más directo. Llamas a la oficina donde él está consultando y te enteras que hoy parte para su casa. Sabes dentro de ti que no puedes permitir que se vaya. Así que corres al aeropuerto y lo encuentras esperando su vuelo, con una Biblia abierta sobre su regazo.

—Entiendes lo que lees? —le preguntas.

—¿Cómo podré, si alguien no me lo explica?

De modo que tú, al igual que Felipe, le explicas. Y él, como el etíope, cree. Pide el bautismo y se le ofrece. Él alcanza un vuelo posterior y tú alcanzas a vislumbrar lo que significa ser guiado por el Espíritu.

¿Hubo luces? Tú acabas de encender una. ¿Hubo voces? Fue la tuya. ¿Ocurrió un milagro? Acabas de ser testigo de uno. ¿Quién sabe? Si la Biblia se escribiese hoy, podría ser tu nombre el que figurase en el capítulo ocho de Hechos.

CAPÍTULO CINCO

Máximas

*H*E AQUÍ UN BRINDIS a la frase simple.

Saludo los refranes de una línea.

Acompáñame en brindar un aplauso a la tecla y a la goma de borrar. Que se dé un festín con las sobras de la mesa del escritor.

Creo en la brevedad. Recorta el sobrante y quédate con los hechos. Danos palabras para masticar, no para desmenuzar con dificultad. Pensamientos con chispa, no líneas arrastradas. Más puntos. Menos comas.

Destílalo.

Descúbrelo.

Desnúdalo.

Conciso (pero no gracioso). Claro (pero no superficial). Vívido (pero no detallado). Esa es buena redacción. Esa es buena lectura. ¡Pero es trabajo arduo!

Pero, es lo que nos gusta. Apreciamos al chef que recorta el cartílago antes de servir el bistec. Saludamos al comunicador que hace lo mismo.

Ahhh, la brevedad. Un arte al parecer olvidado en las esferas de los folletos de seguro y manuales de ensamblaje de bicicletas.

Aprendemos la brevedad mediante Jesús. Su sermón más importante puede leerse en ocho minutos (Mateo 5—7). Su historia más conocida puede leerse en noventa segundos (Lucas 15.11-32). Hizo un resumen de la oración en cinco frases (Mateo 6.9-13). Acalló a acusadores con un desafío (Juan 8.7). Rescató a un alma con una oración (Lucas 23.43). Hizo un resumen de la Ley en tres versículos (Marcos 12.29-31) y redujo todas sus enseñanzas a un mandato (Juan 15.12).

Declaró su objetivo y se fue a casa.

Nosotros los predicadores haríamos bien en imitarlo. (¿Qué dice ese antiguo refrán? «Nuestro orador de hoy no precisa presentación, pero le vendría muy bien una conclusión».)

Creo en la brevedad. Creo que tú, el lector, me confías tu valor más apreciado: tu tiempo. No debiera tomarme más de lo que me corresponde. Por eso, me encanta la oración corta. Se trata de caza mayor. Oculta en la selva de construcción circular y cañones de seis sílabas. Al escribir, cazo. Y cuando la encuentro, disparo. Luego saco a rastras el tesoro de entre los árboles y me maravillo.

No todas mis presas llegan a formar parte de mis capítulos. Entonces, ¿qué les sucede? Las guardo. Pero no puedo conservarlas para mí solo. Así que, ¿me permites que te invite a mirar mis trofeos? Lo que sigue son recortes de este libro y de otro par de libros. Conserva los que te gusten. Perdona los que no. Compártelos cuando puedas. Pero si lo haces, que sea breve.

Ora siempre. De ser necesario, usa palabras.

Sacrilegio es sentir culpa por los pecados perdonados.

Dios olvida el pasado. Imítalo.

Por la avaricia a menudo me he lamentado. Por la generosidad... nunca.

Nunca te pierdas la oportunidad de leer una historia a un niño.

Persigue el perdón, no la inocencia.

Sé doblemente amable con las personas que te traen la comida o estacionan tu automóvil.

Al comprar un obsequio para tu esposa, lo práctico puede resultar más caro que lo extravagante.

No le pidas a Dios que haga lo que tú quieras. Pídele que haga lo que sea correcto.

No fueron los clavos los que fijaron a Dios a una cruz. Fue amor.

Te darás por vencido con respecto a ti antes de que lo haga Dios.

Reconoce la respuesta a la oración cuando la veas y no te des por vencido cuando no.

La adulación es deshonestidad elegante.

El corazón correcto con el credo errado es mejor que el credo correcto con el corazón errado.

Tratamos a otros del modo que percibimos que nos trata Dios.

A veces lo más piadoso que podemos hacer es tomarnos un día de descanso.

La fe en el futuro engendra poder en el presente.

Nadie es inútil para Dios. Nadie.

El conflicto es inevitable, pero el combate es opcional.

Nunca perdonarás a nadie más de lo que Dios ya te ha perdonado.

Alcanza el éxito en lo que tiene importancia.

Lamentarás haber abierto la boca. Pocas veces lamentarás haberla mantenido cerrada.

Ver el pecado sin la gracia produce desesperanza. Ver la gracia sin el pecado produce arrogancia. Verlos juntos produce conversión.

Cuando
Dios
La fe es la firmeza del alma que le aporta osadía a los sueños.

susurra
Dios no tiene reloj.

tu
Nunca subestimes un gesto de afecto.

nombre
Cuando Jesús se fue al hogar, dejó abierta la puerta de entrada.

Y para resumir todo:

En cuanto puedas, salda tus deudas.
Mientras puedas, brinda el beneficio de la duda.
Tanto como puedas, agradece. Él ya nos ha dado más de lo que nos merecemos.

CAPÍTULO SEIS

Las tarjetas navideñas de Dios

*E*STOY VIGILANDO mi buzón.

No suelo pasar tiempo observándolo, pero hoy lo hago. No quiero que se caiga. Unos pocos días atrás eso no me preocupaba... pero eso fue antes de que una cuadrilla de construcción comenzase a despejar el lote del otro lado de la calle. Y eso fue antes de que un conductor de camión de grava se olvidase de prestar atención a su espejo retrovisor.

Pum.

Así que hoy nuestro buzón vuelve a estar en posición vertical, apuntalado por tres vigas en tres de sus costados. No demasiado atractivo, pero funcional.

Son extrañas las ideas que a uno le cruzan mientras le echa un vistazo al receptáculo postal. Al contemplarlo, se me ocurre que el buzón se parece mucho a una estación terminal de ómnibus: un torniquete para lo bueno y lo malo, lo deseado y lo indeseado. Sólo para diversión, estoy elaborando una lista de cartas que espero nunca recibir. (Pues bien, ¿en qué piensas *tú* mientras observas una caja colocada sobre un poste?)

Esto es lo que he escrito hasta ahora:

Querido papá:

Te escribo para preguntar si hay un límite del número de autos que cubre nuestro seguro de responsabilidad civil...

Querido Max:

¿Recuerdas que el verano pasado rompiste el jarrón que me había dejado mi tío Bill? ¿Recuerdas que te dije que cien dólares serían suficientes, pero insististe en que lo hiciera tasar? Pues, vaya, cuánto me alegro que lo hayas hecho. Espero que estés sentado porque el director del museo del siglo XIII dice...

Señor Lucado:

El propósito de esta carta es el de informarle que el cachorro de raza que envió a Oakland, California, por error se envió a Auckland, Nueva Zelanda...

Querido Max:

¿Que por qué te escribo esta carta? Pues verás, parece ser que la universidad cometió un error. Confundieron nuestros certificados. Qué increíble, ¿no? Todos estos años pensé que a duras penas había logrado graduarme. ¡Y todos estos años pensaste que te habías graduado summa cum laude!

Querida señora Lucado:

Recientemente adquirió de nosotros un equipo para diagnóstico de embarazo en casa. Le escribimos para informarle que había un error en las instrucciones y lo que pensó que estaba,

54

no lo está, y lo que pensó que no estaba, sí lo está...

Gemido.

Nunca he leído datos científicos al respecto, pero me parece que la correspondencia innecesaria ha superado en cantidad a la necesaria. (Tal vez eres como yo y clasificas tu correspondencia sobre un cesto de basura. Quizás eres como yo y te preguntas si existe algo en el mundo que no tenga su propio catálogo. Si eres zurdo, de política conservadora y sofisticado fanático de música de jazz, es probable que haya un catálogo de ropa interior que sea para ti.)

La mayoría de la correspondencia es innecesaria. Entonces, ¿por qué reparo mi buzón?

Simple. Es diciembre.

Si fuese cualquier otro momento del año, quizás lo dejaría sobre su costado. Que el cartero se quede con mis facturas por unos días más. Pero no puedo hacerlo. No en este momento del año. No en diciembre. ¡No la semana antes de Navidad!

Esta es la semana en la que la correspondencia es divertida. Es la semana de sobres rojos, sellos verdes y estampas de árboles de Navidad. Esta es la semana en que tu antiguo compañero de cuarto que se casó con Hazel y se mudó a Phoenix te escribe para contarte que su cuarto hijo está en camino. Esta es la semana de las cartas circulares escritas en el anverso y el reverso donde se describen el Gran Cañón del Colorado, graduaciones y cirugías de vesícula.

Esta es la semana de envíos por expreso de nueces y cakes de frutas envasadas y de carteros frenéticos. Agrégale a eso un regalo de la tía Sofía, un calendario de tu agente de seguros y tendrás motivo suficiente para recorrer silbando el trayecto hasta tu buzón.

Así que, tanto para mí como para el cartero, apuntalé el buzón.

Sólo un Scrooge[1] no desea una tarjeta navideña.

Algunas son cómicas. Hoy recibí una que tenía gnomos que estaban sacando libros de la sección «gnomomásticos».

Otras son emotivas, como la ilustración de María y el bebé descansando en la base de la esfinge egipcia.

Y unas pocas son inolvidables. Cada Navidad leo este recordatorio que llegó por correo hace varios años.

Cuando Dios susurra tu nombre

Si nuestra mayor necesidad hubiese sido la información, Dios nos habría enviado un educador. Si nuestra mayor necesidad hubiese sido la tecnología, Dios nos habría enviado un científico. Si nuestra mayor necesidad hubiese sido el dinero, Dios nos habría enviado un economista. Pero como nuestra mayor necesidad era la del perdón, Dios nos envió un Salvador.

Tarjetas de Navidad. Promesas puntualizadas. Frases que declaran el motivo por el cual hacemos todo esto.

Él se hizo como nosotros, para que pudiésemos llegar a ser como Él. Los ángeles aún cantan y la estrella todavía nos invita.

Él ama a cada uno de nosotros como si sólo hubiese uno de nosotros para amar.

Mucho tiempo después de olvidar el nombre del remitente, sigue vigente el mensaje de la tarjeta. Palabras de promesa. Un puño de semillas y sílabas

---

1. El avaro de *Canción de Navidad* de Dickens.

arrojadas en la tierra fértil de diciembre con la esperanza de que nazca fruto en julio. Por eso, mantengo el buzón en pie.

Mi corazón puede hacer uso de todas las semillas que logre conseguir.

Las
tarjetas
navideñas
de
Dios

CAPÍTULO SIETE

Detrás de la cortina de baño

TENDRÉ QUE INSTALAR una computadora en mi ducha. Es allí donde se me ocurren las mejores ideas.

Hoy se me ocurrió una fantástica.

Estaba reflexionando acerca de una conversación reciente que tuve con un hermano cristiano desencantado. Estaba molesto conmigo. Tan molesto que estaba considerando rechazar la invitación que me envió con el fin de que hablase a su grupo. Parece que había escuchado que era bastante franco en cuanto a las personas con las que tengo comunión. Había leído las palabras que escribí: «Si Dios dice que una persona es su hijo, ¿no debiera llamarlo hermano mío?» Y: «Si Dios acepta a otros con sus errores y malas interpretaciones, ¿no debiéramos hacerlo nosotros?»[1]

No le agradó eso. «Se está excediendo», me dijo. «Las cercas son necesarias», me explicó. «Las Escrituras

---

1. Estas frases aparecieron en «A Dream Worth Keeping Alive» [Un sueño que vale la pena mantener vigente], *Wineskins Magazine*, enero-febrero 1993, pp. 16-20.

son claras acerca de tales asuntos». Me leyó unas pocas y luego me instó a ser cuidadoso al decidir a quién concedo gracia.

«Yo no la concedo», le aseguré, «sólo descubro dónde Dios ya lo ha hecho».

No pareció quedar satisfecho. Le ofrecí echar atrás el compromiso (el descanso habría sido agradable), pero él se ablandó y me dijo que fuera después de todo.

Allí es donde iré hoy. Es por eso que pensaba en él en la ducha. Y es por eso que necesito una computadora a prueba de agua. Se me ocurrió un gran pensamiento. Una de esas revelaciones que me hacen decir: «¿Por qué no se me ocurrió decirle eso?»

Ojalá lo vea hoy. Si el tema vuelve a surgir, se lo diré. Pero por si acaso no ocurriese, te lo diré a ti. (Es demasiado bueno para desperdiciar.) Sólo una oración:

Nunca me ha sorprendido el juicio de Dios, pero aún me deja pasmado su gracia.

El juicio de Dios nunca ha sido un problema para mí. Es más, siempre me ha parecido correcto. Relámpagos sobre Sodoma. Fuego sobre Gomorra. *Así se hace, Dios.* Egipcios tragados por el Mar Rojo. *Se lo merecían.* ¿Cuarenta años para ablandar las duras cervices de los israelitas? *Lo habría hecho yo mismo.* ¿Ananías y Safira? *Ya lo creo que sí.*

La disciplina me resulta fácil de tragar. Lógica de asimilar. Manejable y apropiada.

¿Pero la gracia de Dios? Cualquier cosa menos eso. ¿Ejemplos? ¿De cuánto tiempo dispones?

David el salmista se convierte en David el fisgón, pero por gracia de Dios vuelve a ser David el salmista.

Pedro negó a Cristo antes de predicar a Cristo.

Zaqueo, el ladrón. La parte más limpia de su vida era el dinero que había lavado. Pero aun así Jesús disponía de tiempo para él.

Relato tras relato. Oración tras oración. Sorpresa tras sorpresa.

Pareciera que Dios más bien busca la manera de lograr que lleguemos al hogar en lugar de buscar formas que impidan nuestra entrada. Te desafío a encontrar un alma que se acercó a Dios buscando gracia y no la encontró. Rastrea en las páginas. Lee las historias. Imagina los encuentros. Halla a una persona que vino buscando una segunda oportunidad y se alejó tras un severo discurso. Te desafío. Busca.

No lo hallarás.

Encontrarás una oveja que se ha alejado al otro lado del arroyo. Está perdida. Lo sabe. Está trabada y avergonzada. ¿Qué dirán las otras ovejas? ¿Qué dirá el pastor?

Encontrarás un pastor que la encuentra a ella.[2]

Ay, ay, ay. Agáchate. Cúbrete los ojos con las pezuñas. El cinturón está a punto de volar. Pero el cinturón nunca se siente. Sólo manos. Manos grandes y abiertas que se extienden por debajo de su cuerpo y levantan a la oveja, cada vez más alto hasta que está colocada sobre los hombros del pastor. ¡Se lleva de regreso al rebaño y hacen una fiesta en su honor! «Corten la hierba y peinen la lana», anuncia él. «¡Haremos un festejo!»

Las demás ovejas mueven sus cabezas sin poder creerlo. Del mismo modo que lo haremos nosotros. En nuestra fiesta. Cuando lleguemos al hogar. Cuando observemos cómo el Pastor trae sobre sus hombros y coloca entre nosotros un alma improbable tras otra.

---

2. Véase Lucas 15.3-7.

Me parece que Dios da mucha más gracia de la que jamás pudiéramos imaginar.

Podríamos hacer lo mismo.

No estoy a favor de diluir la verdad ni de comprometer el evangelio. Pero sí un hombre de corazón puro llama *Padre* a Dios, ¿no puedo llamar a ese mismo hombre *hermano*? Si Dios no establece la perfección doctrinal como requisito para la membresía familiar, ¿debería hacerlo yo?

Y si nunca estamos de acuerdo, ¿no sería posible que acordemos estar en desacuerdo? Si Dios puede tolerar mis errores, ¿no puedo tolerar los errores de otros? Si Dios puede hacer la vista gorda con mis errores, ¿no puedo hacer lo mismo con los errores de otros? Si Dios me permite, con mis debilidades y fallas, que lo llame *Padre*, ¿no debería dar la misma gracia a otros?

Una cosa es segura. Cuando arribemos al cielo, nos sorprenderemos ante algunas personas que allí veremos. Y algunos se sorprenderán cuando nos vean.

CAPÍTULO OCHO

Las preguntas de Gabriel

GABRIEL DEBE haberse rascado la cabeza ante esta situación. No era dado a cuestionar las misiones que le Dios le asignaba. El envío de fuego y la división de las aguas formaban parte de una eternidad de trabajo de este ángel. Cuando Dios enviaba, Gabriel iba.

Y cuando se corrió la voz de que Dios se convertiría en hombre, Gabriel estaba entusiasmado. Podía imaginarse el momento:

El Mesías en una carroza de fuego.
El Rey descendiendo en una nube de fuego.
Una explosión de luz de la cual surgiría el Mesías.

Eso era lo que esperaba. Lo que nunca esperó, sin embargo, es lo que recibió: un papelito con una dirección nazarena. «Dios se hará bebé», decía. «Dile a la madre que llame al niño Jesús. Y dile que no tenga temor».

Gabriel nunca era dado a cuestionar, pero esta vez sí se preguntaba.

¿Dios se hará bebé? Gabriel había visto bebés con anterioridad. Había sido líder de pelotón en la operación junco. Recordaba el aspecto del pequeño Moisés.

Eso está bien para humanos, pensó para sí. *¿Pero Dios?*

Los cielos no lo pueden contener; ¿cómo podría hacerlo un cuerpo? Además, ¿has visto lo que sale de esos bebés? Realmente no le corresponde eso al Creador del universo. Los bebés deben cargarse y alimentarse, mecerse y bañarse. Imaginarse a alguna madre haciendo eructar a Dios sobre su hombro... vaya, eso sobrepasaba incluso lo que un ángel pudiese imaginar.

Y qué de su nombre... cómo era... *¿Jesús?* Un nombre tan común. Hay un Jesús en cada barrio. Vaya, incluso el nombre *Gabriel* tiene más fuerza que *Jesús*. Llama al bebé *Eminencia*, o *Majestad* o *Envío Celestial*. Cualquier cosa menos *Jesús*.

Y así Gabriel se rascaba la cabeza. ¿Dónde se fueron los viejos tiempos? Los de Sodoma y Gomorra. La inundación del globo terráqueo. Espadas ardientes. Esa acción era la que le agradaba.

Pero Gabriel había recibido sus órdenes. Llévale el mensaje a María. *Debe ser una muchacha especial*, suponía mientras viajaba. Pero a Gabriel le esperaba una nueva sorpresa. Una mirada le bastó para saber que María no era una reina. La que sería madre de Dios no era de la realeza. Era una campesina judía que apenas había superado su acné y estaba enamorada de un muchacho llamado Pepe.

Y hablando de Pepe... ¿qué sabe este tipo? Da lo mismo que sea un tejedor en España o un zapatero en Grecia. Es un carpintero. Míralo, aserrín en su barba y un delantal para clavos atado en la cintura. ¡No me digas que Dios habrá de cenar todas las noches con él! ¡No me digas que la fuente de toda sabiduría

64

llamará «papá» a este tipo! ¡No me digas que un obrero común será el encargado de alimentar a Dios!

¿Y si lo despiden?

¿Y si se pone fastidioso?

¿Qué pasa si decide abandonar a su familia por una bonita joven que vive en la misma calle? ¿Entonces dónde estaremos?

A duras penas podía Gabriel evitar echarse para atrás. «Esta idea que tienes sí que resulta peculiar, Dios», debe haber murmurado para sí.

¿Harán tales cavilaciones los guardianes de Dios?

¿Y nosotros? ¿Nos asombra aún la venida de Dios? ¿Nos sigue anonadando el evento? ¿La Navidad sigue causándonos el mismo mudo asombro que provocó dos mil años atrás?

Últimamente he estado formulando esa pregunta... a mí mismo. Al escribir, sólo faltan unos días para la Navidad y acaba de suceder algo que me inquieta porque el trajín de las fiestas puede estar eclipsando el propósito de las mismas.

Vi un pesebre en un centro de compras. Corrección. *Apenas* vi un pesebre en un centro de compras. Casi no lo vi. Estaba apurado. Visitas que llegan. Papá Noel que hace su aparición. Sermones que preparar. Cultos que planificar. Regalos que comprar.

La presión de las cosas era tan grande que casi se ignoraba la escena del pesebre de Cristo. Casi la pasé por alto. Y de no haber sido por el niño con su padre, lo habría hecho.

Pero de reojo, los vi. El pequeño niño, tres, tal vez cuatro años de edad, de pantalón vaquero con zapatillas y con la vista fija en el niño del pesebre. El padre, con gorra de béisbol y ropa de trabajo, mirando por encima del hombro del hijo, señalaba primero a José, luego a María y por último al bebé. Le relataba al pequeñito la historia.

Y qué brillo había en los ojos del niño. El asombro dibujado en su rostro. No hablaba. Sólo escuchaba. Y no me moví. Sólo observé. ¿Qué preguntas llenaban la cabeza del muchachito? ¿Habrán sido como las de Gabriel? ¿Qué cosa habrá encendido el asombro en su rostro? ¿Era la magia?

¿Y por qué será que de unos cien hijos de Dios, aproximadamente, sólo dos se detuvieron para considerar a su hijo? ¿Qué cosa es este demonio de diciembre que nos roba los ojos e inmoviliza las lenguas? ¿No es esta la temporada para hacer una pausa y plantear las preguntas de Gabriel?

La tragedia no es que no las pueda contestar, sino que estoy demasiado ocupado para formularlas.

Sólo el cielo sabe cuánto tiempo revoloteó Gabriel sobre María sin ser visto antes de respirar profundamente y comunicar la noticia. Pero lo hizo. Le dijo el nombre. Le comunicó el plan. Le dijo que no temiera. Y cuando anunció: «¡Para Dios nada es imposible!», lo dijo tanto para sí como para ella.

Pues aunque no podía responder a las preguntas, sabía quién podía hacerlo, y eso le bastaba. Y aunque no podamos obtener respuesta para todas, tomarse el tiempo necesario para formular algunas sería un buen comienzo.

CAPÍTULO NUEVE

¿Cuál es tu precio?

$\mathcal{A}$SISTIR a un programa de entretenimiento no era tu idea de una actividad de vacaciones, pero tus hijos deseaban ir, así que cediste. Ahora que estás aquí, empiezas a disfrutarlo. La actividad frenética del estudio es contagiosa. La música es alegre. El escenario es colorido. Y los riesgos son altos.

«¡Más altos de lo que jamás han sido!» El anfitrión del programa se jacta. «Bienvenidos a *¿Cuál es tu precio?*» Estás a punto de preguntarle a tu cónyuge si el cabello del animador era natural cuando este anuncia el premio: «¡Diez millones de dólares!»

El auditorio no necesita que lo estimulen; estallan en un aplauso.

«Es el juego más rico de la historia», dice con orgullo el animador. «¡Hoy alguno saldrá de aquí con un cheque por valor de diez millones!»

—No seré yo —le dices entre risitas a tu hija mayor—. Nunca he tenido suerte con el azar.

—Shhhh —susurra ella, señalando hacia el escenario—. Están a punto de extraer un nombre.

Adivina cuál nombre llaman. En el instante que lleva decirlo, pasas de ser espectador a jugador. Tus hijos chillan, tu esposa grita y mil ojos observan cómo la muchacha bonita te toma de la mano y te acompaña hasta el escenario.

«¡Abran la cortina!», ordena el animador. Te das vuelta y observas mientras se separan las cortinas y emites una exclamación ante lo que ves. Una carretilla color rojo brillante llena de dinero... rebosando de dinero. La misma señorita que te acompañó hasta el escenario ahora empuja la carretilla hacia donde te encuentras y la estaciona delante de ti.

—¿Alguna vez viste diez millones de dólares? —pregunta el anfitrión de dientes perlados.

—Hace bastante que no —contestas. El auditorio se ríe como si fueras un cómico.

—Hunde las manos —invita él—. Adelante, zambúllete.

Miras hacia tu familia. Un hijo está con la boca abierta, uno está orando y tu cónyuge te anima con los pulgares levantados. ¿Cómo negarte? Te hundes hasta la altura de los hombros y te levantas, aprisionando contra tu pecho un montón de billetes de cien dólares.

—Puede ser tuyo. Todo puede ser tuyo. La decisión es tuya. La única pregunta que deberás responder es «¿Cuál es tu precio?»

Vuelve a resonar el aplauso, toca la banda y tragas con fuerza. Detrás de ti se abre una segunda cortina, que descubre un gran cartel. «¿Qué es lo que estás dispuesto a entregar?», está escrito en la parte superior. El anfitrión explica las reglas.

—Lo único que debes hacer es aceptar una condición y recibirás el dinero.

«¡Diez millones de dólares!» susurras para ti.

No un millón ni dos, sino *diez* millones. Una suma nada desdeñable. Lindo ahorro. Diez millones de dólares alcanzarían para mucho, ¿verdad? Los costos de enseñanza cubiertos. Jubilación garantizada. Abriría las puertas de algunos autos o de una nueva casa (o varias).

Se podría ser un gran benefactor con una suma tal. Ayudar a algunos orfanatos. Alimentar a algunas naciones. Edificar algunas iglesias. De repente comprendes: Esta es una oportunidad única en la vida.

—Escoja. Sólo elija una opción y el dinero es suyo.

Una voz grave desde otro micrófono comienza a leer la lista.

> «Ceda a sus hijos en adopción».
> «Prostitúyase por una semana».
> «Renuncie a su ciudadanía estadounidense».
> «Abandone su iglesia».
> «Abandone a su familia».
> «Mate a un desconocido».
> «Hágase un cambio de sexo quirúrgico».
> «Abandone a su esposa».
> «Cambie su raza».

—Esa es la lista —proclama el animador—. Ahora haga su selección.

Empiezan a tocar la música lema, el auditorio está en silencio y tu pulso está acelerado. Debes tomar una decisión. Nadie te puede ayudar. Estás sobre el escenario. La decisión es tuya. Nadie puede decirte qué cosa elegir.

Pero hay algo que te puedo decir. Puedo decirte lo que harían otros. Tus vecinos han dado sus respuestas. En una encuesta nacional formularon la misma pregunta, muchos dijeron lo que harían. Siete por ciento de los que respondieron asesinarían por esa cantidad de dinero. Seis por ciento cambiaría su raza. Cuatro por ciento cambiaría su sexo.[1]

Si el dinero es la medida del corazón, entonces este estudio reveló que el dinero está en el corazón de la

¿Cuál es tu precio?

---

1. James Patterson y Peter Kim, *The Day America Told the Truth* [El día que Estados Unidos dijo la verdad], Prentice Hall, NY, 1991, según cita en *Discipleship Journal*, septiembre—octubre 1991, p. 16.

mayoría de los estadounidenses. A cambio de diez millones de dólares:

25% abandonaría a su familia.

25% abandonaría su iglesia.

23% se prostituiría por una semana.

16% cedería su ciudadanía estadounidense.

16% abandonaría a su cónyuge.

3% cedería a sus hijos en adopción.[2]

Aun más revelador que lo que los estadounidenses harían por diez millones de dólares es el hecho de que la mayoría haría *algo*. Dos tercios de los encuestados accederían a por lo menos una, algunos a varias, de las opciones. En otras palabras, la mayoría no abandonaría el escenario con las manos vacías. Pagaría el precio necesario para ser dueño de la carretilla.

¿Qué harías tú? Mejor aún, ¿qué es lo que estás haciendo?

«Deja de soñar, Max», dices tú. «Nunca he tenido la oportunidad de ganarme diez millones».

Quizás no, pero has tenido la oportunidad de ganarte mil o cien o diez. El monto puede no haber sido el mismo, pero las opciones sí lo son. Lo cual hace que la pregunta sea aun más inquietante. Algunos están dispuestos a abandonar a su familia, su fe o sus principios morales por mucho menos de diez millones de dólares.

Jesús tenía una palabra para eso: *avaricia*.

Jesús también tenía una definición para la avaricia. Decía que era la práctica de medir la vida según las posesiones.[3]

---

2. *Ibid.*
3. «La vida del hombre no consiste en la abundancia de los bienes que posee» (Lucas 12.15).

La avaricia equipara el valor de una persona con su cartera.

1. Tienes mucho = eres mucho.
2. Tienes poco = eres poco.

¿Cuál es tu precio?

La consecuencia de semejante filosofía es predecible. Si eres la suma de lo que tienes, es necesario que seas dueño de todo. Ningún precio es demasiado elevado. Ningún pago demasiado costoso.

Ahora bien, existen muy pocos que serían culpables de avaricia descarada. Jesús lo sabía. Es por eso que advirtió en contra de «toda avaricia» (Lucas 12.15). La avaricia tiene muchas caras.

Cuando vivíamos en Río de Janeiro, Brasil, fui a visitar a un miembro de nuestra congregación. Había sido un fuerte líder en la congregación, pero durante varios domingos no lo habíamos visto ni sabíamos nada de él.

Unos amigos me dijeron que había heredado algo de dinero y estaba construyendo una casa. Lo encontré en el sitio de la construcción. Había heredado trescientos dólares. Con el dinero había adquirido un minúsculo lote adyacente a un pantano contaminado. El pequeño terreno era del tamaño de un garaje. Sobre el mismo, estaba construyendo una casa de una habitación. Me llevó a efectuar un recorrido del proyecto... se requirieron unos veinte segundos.

Nos sentamos al frente y conversamos. Le dije que lo habíamos echado de menos, que la iglesia necesitaba que regresase. Se quedó callado, luego giró y miró su casa. Cuando volvió su vista hacia mí, sus ojos estaban humedecidos.

«Tienes razón, Max», confesó. «Supongo que simplemente me volví demasiado avaro».

Me vinieron deseos de decir: *¿Avaro? Estás construyendo una choza en un pantano y lo llamas avaricia?* Pero no dije nada porque él tenía razón. La avaricia es relativa. La avaricia no se define por lo que cuestan las cosas; se mide por lo que te cuesta a ti.

Si cualquier cosa te cuesta tu fe o tu familia, el precio es demasiado alto.

Eso es lo que Jesús destaca en la parábola del inversionista.[4] Parece ser que un hombre obtuvo una abultada ganancia inesperada de una inversión. La tierra produjo una cosecha abundante. Se encontró con efectivo de sobra y una envidiable pregunta: «¿Qué haré con mis ganancias?»

No le lleva mucho tiempo decidir. Las guardará. Hallará la forma de almacenarlas para poder vivir la buena vida. ¿Su plan? Acumular. ¿Su meta? Beber, comer, lucirse y descansar. Mudarse a un clima tropical, jugar al golf, relajarse y descansar.

De repente, el hombre muere y se escucha otra voz. La voz de Dios. Dios no le dice nada agradable al hombre. Sus palabras iniciales son: «¡Insensato!»

En la tierra el hombre era respetado. Lo honran con un hermoso funeral y un féretro de caoba. Trajes de franela gris llenan el auditorio aportando su admiración hacia el sagaz hombre de negocios. Pero en el primer banco está una familia que ya empieza a reñir por los bienes dejados por su padre. «¡Insensato!» declara Dios. «¿Para quién será, entonces, lo que has preparado para ti?» (Lucas 12.20, NVI).

El hombre se pasó la vida construyendo una casa de cartas. No vio la tormenta que se aproximaba. Y ahora, el viento ha soplado.

La tormenta no fue la única cosa que no vio.

Nunca vio a Dios. Observa sus primeras palabras después de su gran ganancia. «¿Qué voy a hacer?» (v 17, NVI). Se dirigió al lugar equivocado y formuló la pregunta equivocada. ¿Qué habría sucedido si se hubiese dirigido a Dios para preguntar: «¿Qué quieres tú que haga?»

---

4 Más conocida como la parábola del rico insensato (Lucas 12.16 21).

El pecado de este hombre no fue que hizo planes para el futuro. Su pecado fue que sus planes no incluían a Dios.

Imagina si alguno te tratara así. Digamos que contratas a una persona para cuidar de tu casa durante un fin de semana. Le dejas las llaves, dinero e instrucciones. Y partes para disfrutar de tu viaje.

¿Cuál es tu precio?

Al regresar, descubres que tu casa la han pintado de color violeta. Se han cambiado las cerraduras, así que tocas el timbre y contesta el encargado. Antes de que puedas decir palabra, te acompaña adentro mientras proclama:

—¡Mira cómo he decorado mi casa!

La chimenea se ha reemplazado con una cascada de agua. El alfombrado se ha reemplazado por baldosas de color rosa y retratos de Elvis sobre terciopelo negro cubren las paredes.

—¡Esta no es tu casa! —declaras—. Es mía.

—Esas posesiones no son tuyas —nos recuerda Dios—. Son mías.

«Al SEÑOR tu Dios pertenecen los cielos y los cielos de los cielos, la tierra y todo lo que en ella hay» (Deuteronomio 10.14, Biblia de las Américas).

La regla financiera de Dios de mayor preponderancia es: Nada nos pertenece. Somos administradores, no dueños. Mayordomos, no terratenientes. Personas de mantenimiento, no propietarios. Nuestro dinero no es nuestro; es suyo.

Este hombre, sin embargo, no tuvo en cuenta eso. Por favor, nótese que Jesús no criticó la riqueza de este hombre. Criticó su arrogancia. Las palabras del hombre rico son indicio de sus prioridades.

Voy a hacer esto:
Derribaré...
Almacenaré...
Y me diré: Tienes bastantes cosas buenas (Lucas 12.18-19, NVI)

A un estudiante se le pidió una vez que definiera las palabras *yo* y *mío*. Respondió: «Pronombres agresivos». Este hombre rico era agresivamente egocéntrico. Su mundo estaba centrado en él mismo. Estaba ciego. No veía a Dios. No veía a otros. Sólo veía su yo.

«Insensato», le dijo Dios. «Esta misma noche te reclamarán la vida» (v. 20, NVI).

Cuando Dios susurra tu nombre

Extraño, ¿verdad?, que este hombre tuviese el sentido suficiente para obtener riqueza, pero no para prepararse para la eternidad. Lo que resulta aún más extraño es que cometemos el mismo error. Quiero decir, no es como si Dios mantuviera el futuro en secreto. Un vistazo a un cementerio debiera recordarnos; todos mueren. Una visita a un funeral debiera convencernos; no nos llevamos nada.

Las carrozas fúnebres no cargan equipajes.

Los muertos no empujan carretillas cargadas de diez millones de dólares.

El programa de entretenimiento era ficticio, pero los hechos son verdaderos. Estás sobre un escenario. Te han entregado un premio. Los riesgos son altos. Muy altos.

¿Cuál es tu precio?

CAPÍTULO DIEZ

Provisiones y gracia

*E*STE RELATO me llegó a través de un amigo que lo escuchó de un amigo que lo escuchó de vaya a saber quién. Lo más probable es que haya sufrido cambios con cada nueva generación... pero aunque sólo haya una astilla de verdad en lo que escuché, vale la pena volver a relatarlo.

Parece ser que un hombre hacía compras en una tienda de abastecimiento de una base militar. No necesitaba mucho, sólo un poco de café y una hogaza de pan. Está parado en una fila frente a la caja registradora. Detrás de él hay una mujer con un carrito cargado. Su canasta rebosa de provisiones, ropa y una videograbadora.

Al llegar su turno se adelanta hasta la registradora. La empleada le invita a extraer un trocito de papel de una pecera.

—Si extraes el papel que corresponde, todas tus provisiones son gratis —explica la empleada.

—¿Cuántos papelitos «correctos» hay? —pregunta el comprador.

—Sólo uno.

La pecera está llena de modo que las posibilidades son escasas, pero el hombre de todas formas intenta e, increíblemente, ¡se saca el ganador! Qué sorpresa. Pero luego se da cuenta de que sólo va a comprar café y pan. Qué desperdicio.

Pero este señor es rápido. Gira y se dirige a la dama detrás de él, la del montón de cosas, y declara:

—¿Qué te parece, querida? ¡Hemos ganado! No tenemos que pagar un centavo siquiera.

Ella lo mira sorprendida. Él le guiña un ojo. Y de algún modo ella tiene la ubicación necesaria para seguirle el juego. Se le acerca, parándose a su lado. Lo toma del brazo y sonríe. Y por un momento están parados lado a lado, casados por la buena fortuna. En el estacionamiento ella consuma la unión temporaria con un beso y un abrazo, y luego sigue su camino con un cuento maravilloso para relatarle a sus amigos.

Lo sé, lo sé. Lo que hicieron era un poco dudoso. Él no debió haber mentido y ella no debió haber fingido. Pero aun tomando en cuenta eso, sigue siendo una bonita historia.

Una historia no tan diferente de la nuestra. Nosotros también hemos sido agraciados con una sorpresa. Aun mayor que la de la dama. Pues aunque su deuda era grande, la podía pagar. Nosotros no tenemos la posibilidad de pagar la nuestra.

A nosotros, al igual que a la mujer, se nos ha dado un regalo. No sólo en la caja registradora, sino ante el tribunal.

Y nosotros también nos hemos convertido en esposa. No sólo por un momento, sino por la eternidad. Y no sólo para provisiones, sino para el banquete.

¡Qué gran historia tenemos para contarle a nuestros amigos! ¿Verdad?

CAPÍTULO ONCE

La decisión

TODO ESTÁ EN SILENCIO. Es temprano. Mi café está caliente. El cielo aún está negro. El mundo sigue durmiendo. El día se aproxima.

En pocos momentos llegará el día. Se acercará rugiendo por la vía al levantarse el sol. La quietud de la madrugada se tornará en el ruido del día. La calma de la soledad se reemplazará por el golpeteo rítmico del paso de la raza humana. El refugio de la temprana mañana lo invadirá las decisiones que deban tomarse y las obligaciones que deban cumplirse.

Durante las próximas doce horas quedaré expuesto a las exigencias del día. Ahora es el momento en que debo tomar una decisión. Por causa del Calvario, tengo la libertad de decidir. Así que decido.

Elijo el amor...

Ninguna ocasión justifica el odio; ninguna injusticia autoriza la amargura. Elijo el amor. Hoy amaré a Dios y lo que Dios ama.

Elijo el gozo...

Invitaré a mi Dios para ser el Dios de la circunstancia. Rehusaré la tentación de ser cínico... la herramienta del pensador perezoso. Rehusaré considerar a las personas como menos que seres humanos, creados por Dios. Rehusaré ver en los problemas algo menos que una oportunidad de ver a Dios.

Elijo la paz...

Viviré habiendo sido perdonado. Perdonaré para que pueda vivir.

Elijo la paciencia...

Pasaré por alto los inconvenientes del mundo. En lugar de maldecir al que ocupa el sitio que me corresponde, lo invitaré para que así lo haga. En lugar de quejarme porque la espera es demasiado larga, agradeceré a Dios por un momento para orar. En lugar de cerrar mi puño ante nuevas tareas asignadas, las encararé con gozo y valor...

Elijo la amabilidad...

Seré amable con los pobres, pues están solos. Amable con los ricos, pues tienen temor. Y amable con los malvados, pues de tal manera me ha tratado Dios.

Elijo la bondad...

Prefiero estar sin un dólar antes que aceptar uno de manera deshonesta. Prefiero ser ignorado antes que jactarme. Prefiero confesar antes que acusar. Elijo la bondad.

Elijo la fidelidad...

Hoy guardaré mis promesas. Mis acreedores no se lamentarán de su confianza. Mis asociados no cuestionarán mi palabra. Mi esposa no cuestionará mi amor. Y mis hijos nunca tendrán temor de que su padre no regrese a casa.

Elijo la mansedumbre...

Nada se gana por la fuerza. Elijo ser manso. Si levanto mi voz que sólo sea en alabanza. Si cierro mi puño, que sólo sea en oración. Si hago exigencias, que sólo sean a mí mismo.

Elijo el dominio propio..

Soy un ser espiritual. Luego de que haya muerto este cuerpo, mi espíritu remontará vuelo. Me niego a permitir que lo que se va a podrir gobierne lo eterno.

Elijo el dominio propio. Sólo me emborracharé de gozo. Sólo me apasionará mi fe. Sólo Dios ejercerá influencia sobre mí. Sólo Cristo me enseñará. Elijo el dominio propio.

Amor, alegría, paz, paciencia, amabilidad, bondad, fidelidad, mansedumbre, dominio propio. A estos encomiendo mi día. Si tengo éxito, daré gracias. Si fallo, buscaré su gracia. Y luego, cuando este día haya acabado, pondré mi cabeza sobre mi almohada y descansaré.

CAPÍTULO DOCE

El profeta

$\mathcal{Y}$O QUERÍA DESAYUNO. Conseguí un profeta.

Me detuve en el almacén camino a la oficina esta mañana. Debía hacer un mandado y decidí, ya que estaba allí, hacer otra cosa. Me acerqué al mostrador de las especialidades para llevar y pedí mi desayuno. Por un par de dólares puedes obtener todos los huevos y chorizos que puedas tolerar. Mi cintura y el doctor me impiden hacer esto todos los días, pero como de todos modos estaba allí, y en vista de que no había comido...

Un profeta tuvo la misma idea. No un profeta *en* la Biblia, sino un profeta *con* una Biblia. Una Biblia gruesa, ajada, encuadernada de azul. Era de baja estatura y delgado... un hombre de aspecto frágil, cabello corto y ralo, y de espesa barba colorada.

Cuando llegué allí, ya estaba pidiendo su comida. La pedía *meticulosamente*.

—¿Sirven un taco de desayuno sin carne?

—Sí.

—¿Sólo patatas y huevos?

—Sí.

—¿Tiene sal?

—No

—¿Cuántas patatas?

La señora que atendía ese sector levantó la fuente para que pudiera ver.

—¿Y cuántos tacos?

Tal vez deseaba estar seguro de conseguir un justo intercambio por su inversión. Tal vez observaba una dieta religiosa. O quizás sólo era fastidioso. No podía darme cuenta. Pero podía ver que era cortés, exageradamente cortés.

Llevaba un rastrillo. (¿Sería una versión moderna de una aventadora?) Su túnica era azul y debajo de ella había una camisa que parecía hecha de una toalla.

Mientras uno preparaba la comida del profeta, apareció un segundo empleado. Pensó que no habían atendido al profeta y preguntó si necesitaba ayuda.

—No, ya me han ayudado. Pero ya que lo dice, ¿me permite preguntarle si es usted creyente en Jesucristo? Soy su profeta y me ha enviado a usted.

El empleado no sabía cómo responder. Miró a la empleada, la cual miró para otro lado y se encogió de hombros. Me miró a mí, luego miró para otro lado. Después volvió a mirar al profeta y murmuró algo así como:

—Gracias por venir —entonces me preguntó si necesitaba ayuda.

Sí la necesitaba y le dije lo que quería. Y mientras esperaba, salieron los tacos para el profeta. Había ordenado una gaseosa... sin hielo. Y agua... en un vaso de papel. Se sorprendió al ver el color de su bebida.

—Pensé que sería de color naranja.

—No, es transparente —respondió la mujer.

Tuve deseos a medias de que intentase un milagro: convertir el agua clara en anaranjada. No lo hizo; sólo interpretó el momento.

—En la vida realmente no importa el color de tus bebidas, ¿verdad? —le sonrió a la dama, al hombre y luego a mí.

Todos le devolvimos la sonrisa.

Como llevaba una Biblia en una mano y un rastrillo en la otra, me pregunté cómo haría para cargar la comida. De modo que me ofrecí para ayudarlo. Declinó mi oferta.

—Gracias en el nombre de Jesús por ofrecer su ayuda, pero puedo arreglármelas.

Apiló el plato sobre el vaso de gaseosa y de algún modo levantó el agua con la mano que sostenía el rastrillo y la Biblia. En el proceso casi perdió todo, así que volví a ofrecer mi ayuda.

—No, pero en el nombre de Jesús lo bendigo por ofrecerme su ayuda.

—Y —se dirigió a la empleada—, la bendigo en el nombre de Jesucristo por su amable atención.

—Y —captó la mirada del empleado—, lo bendigo en el nombre de Jesucristo.

No dijo por qué. Una bendición genérica, supuse.

Habiéndonos dado su bendición, se dio vuelta para irse. Según lo que sé, logró llegar hasta la mesa.

Observé los ojos de la cajera al cobrarme por mi desayuno. Como no sabía nada en absoluto con respecto a ella, me preguntaba qué estaría pensando. Me preguntaba qué efecto había ejercido este encuentro con el profeta sobre su opinión de Aquel a quien el profeta representaba.

Deseaba decir algo, pero no sabía qué decir. Estaba por decir: «El profeta aquel y yo pertenecemos al mismo equipo; sólo que tenemos dos formas distintas de abordar el asunto. En realidad, ser cristiano no implica cargar un rastrillo».

Pero antes de que se me ocurriera qué cosa decir, había girado para ayudar a otra persona. Así que me di vuelta con la intención de partir.

Fue en ese momento que me topé con Lawrence. Lawrence es un amigo de mi iglesia. Encontrarse con Lawrence no es poca cosa. Es un ex jugador profesional de fútbol. Todo lo concerniente a Lawrence es grande y todo lo concerniente a Lawrence es amable.

Un fuerte abrazo de Lawrence puede durarte una semana.

Y eso fue lo que me dio... un buen abrazo, un cálido apretón de manos y una genuina pregunta acerca de mi bienestar. No mucho, sólo un par de minutos de amable interés. Luego siguió su camino y yo seguí el mío.

Mientras me alejaba, me llamó la atención el contraste entre ambos encuentros. Tanto el profeta como Lawrence son seguidores de Cristo. Ninguno de los dos siente vergüenza de su fe. A ambos les agrada llevar una Biblia. A ambos les gusta bendecir a las personas. Pero allí se acaban las similitudes.

Uno viste sandalias y una túnica y el otro usa zapatillas y pantalones vaqueros.

Uno se viste como Jesús, pero el otro se comporta como Jesús.

Uno se presentó como embajador de Cristo; el otro no tuvo la necesidad de hacerlo.

Uno me despertó la curiosidad, pero el otro me tocó el corazón.

Y algo me decía que si Jesús estuviese presente, en persona, en San Antonio, y yo me encontrase con Él en un almacén, no lo reconocería por su rastrillo, su vestimenta y gran Biblia. En cambio lo reconocería por su buen corazón y sus palabras amables.

PARTE DOS

El toque
del Maestro

n sus últimos años Beethoven pasaba horas tocando un clavicordio roto. El instrumento carecía de valor. Le faltaban teclas. Las cuerdas estaban estiradas. Estaba desafinado, era desagradable al oído.

Sin embargo, el gran pianista tocaba hasta que le corrían lágrimas por las mejillas. De mirarlo, se pensaría que escuchaba lo sublime. Así era. Pues estaba sordo. Beethoven escuchaba el sonido que el instrumento debiera producir, no el que en realidad producía.[1]

¿Alguna vez te sentiste como el clavicordio de Beethoven? ¿Desafinado? ¿Inepto? ¿Tu servicio a destiempo, insignificante?

¿Alguna vez te preguntaste lo que hace Dios cuando el instrumento está roto? ¿Qué le sucede a la canción cuando las cuerdas están desafinadas? ¿Cómo responde el Maestro cuando las teclas no funcionan?

¿Da una media vuelta y se aleja? ¿Exige un instrumento de repuesto? ¿Se deshace del viejo? ¿O será que con paciencia lo afina hasta escuchar la canción que anhela?

---

1. 1,041 Sermon Illustracion, Ideas, and Expositions, p. 199.

Si te has formulado esas preguntas (¿y quién no lo ha hecho?), tengo algunos pensamientos para que leas. He agrupado un curioso conjunto de testimonios que me parece que disfrutarías. En las próximas páginas hallarás:

— una explicación del porqué el *Mago de Oz* no está en la Biblia
— un relato acerca de una luna caprichosa
— un primitivo reportaje periodístico a Moisés y Josafat
— el mensaje de un grillo y la dieta común de comida premasticada

Algunos capítulos son cómicos. Algunos serios. Algunos ficticios. Algunos reales. Pero todos tienen una respuesta para quienes se sienten como el clavicordio de Beethoven. Todos obran en conjunto para alentar al instrumento cansado. Todos tienen la esperanza de mostrarte cómo el Músico Maestro arregla lo que no podemos arreglar y oye música cuando nosotros no.

CAPÍTULO TRECE

Cuando te irriten los grillos

*P*ERDÓNAME si este capítulo está desordenado. Al escribir, estoy enojado. Estoy enojado por causa de un grillo. Es ruidoso. Es detestable. Está escondido. Y tendrá grandes dificultades si alguna vez lo encuentro.

Llegué a mi oficina temprano. Dos horas antes de que sonara mi despertador, estaba aquí. Las mangas arremangadas y la computadora zumbando. *Gánale a los teléfonos*, pensé. *Adelántate a la mañana*, planifiqué. *Súbete al día.*

Pero *ponle las manos encima a ese grillo* es lo que no dejo de murmurar.

Pues bien, nada tengo en contra de la naturaleza. La melodía de un canario, me encanta. El placentero zumbido del viento en las hojas, me resulta agradable. Pero el *raack-raack-raack* de un grillo antes del amanecer me fastidia.

De modo que me pongo de rodillas y recorro la oficina guiándome por el sonido. Espío debajo de cajas. Quito libros de los estantes. Me tiro de barriga y miro debajo de mi escritorio. Humillante. Me ha saboteado un insecto de dos centímetros y medio.

¿Qué cosa es este insolente irritante que reduce al hombre a la posición de perseguidor de insectos?

Finalmente localizo al culpable.

Rayos, está detrás de un estante. Fuera de mi alcance. Oculto en un escondite de madera terciada. No lo puedo alcanzar. Lo único que puedo hacer es arrojar bolígrafos a la base del estante. De modo que eso hago. *Pop. Pop. Pop.* Uno tras otro. Una andanada de bolígrafoss. Finalmente se calla.

Pero el silencio dura sólo un minuto.

Así que perdóname si mis pensamientos están fragmentados, pero estoy descargando la artillería párrafo por medio. Esta no es manera de trabajar. Esta no es forma de comenzar el día. El piso está desordenado. Mis pantalones sucios. Mi línea de pensamiento se ha descarrilado. Lo que intento decir es, ¿cómo puede uno escribir acerca del enojo cuando hay un estúpido insecto en su oficina?

Eeeepa. Supongo que, después de todo, estoy en el contexto mental adecuado...

Enojo. Esta mañana es fácil de definir: el ruido del alma. *Enojo.* El irritante invisible del corazón. *Enojo.* El invasor implacable del silencio.

Al igual que el grillo, el enojo irrita.

Al igual que el grillo, el enojo no puede aplacarse con facilidad.

Al igual que el grillo, el enojo tiene por costumbre ir incrementando en volumen hasta llegar a ser el único sonido que escuchamos. Cuanto más fuerte se vuelve, más nos desesperamos.

Cuando nos maltratan, nuestra respuesta animalística es salir a cazar. Instintivamente cerramos nuestros puños. Buscar la venganza es algo muy natural. Lo cual, en parte, es lo que constituye el problema. La venganza es natural, no espiritual. Vengarse es la ley de la selva. Conceder gracia es la ley del reino.

Algunos estarán pensando: *Resulta fácil para ti decirlo, Max, sentado allí en tu oficina siendo un grillo tu principal causa de irritación. Debieras intentar vivir*

con mi esposa. O, debieras tratar de sobrellevar mi
pasado. O, debieras criar a mis hijos. No sabes cómo
me ha maltratado mi ex. No tienes idea siquiera de lo
difícil que ha sido mi vida.

Y tienes razón, no lo sé. Pero tengo una idea muy
clara acerca de lo desdichado que será tu futuro si no
resuelves tu enojo.

Haz una radiografía del alma del vengativo y con-
templarás el tumor de la amargura: negro, amenazan-
te, maligno. Carcinoma del espíritu. Sus fibras fatales
silenciosamente van rodeando los bordes del corazón
y lo destruyen. El ayer no lo puedes alterar, pero tu
reacción ante el ayer sí. El pasado no lo puedes
cambiar, pero tu respuesta a tu pasado sí.

¿Imposible, dices tú? Permíteme que intente de-
mostrarte lo contrario.

Imagina que provienes de una familia grande...
aproximadamente una docena de hijos. Una familia
más mezclada que la familia Brady.[2] Todos los niños
son del mismo padre, pero tienen cuatro o cinco
madres diferentes.

Imagina también que tu padre es un tramposo y ha
sido así por mucho tiempo. Todos lo saben. Todos
saben que mediante trampas le quitó a tu tío su parte
de la herencia. Todos saben que salió corriendo como
cobarde para impedir que lo atrapasen.

Imaginemos también que tu tío abuelo mediante
engaños hizo que tu padre se casase con la hermana
de tu madre. Emborrachó a tu padre antes de la boda
e hizo que fuera al altar su hija fea en lugar de la hija
bella con la cual pensaba tu padre que se casaba.

Sin embargo, eso no frenó a tu padre. Simplemente
se casó con las dos. La que él amaba no podía tener
hijos, así que se acostó con su mucama. Es más, tenía
la costumbre de acostarse con la mayoría de las ayu-
dantes de cocina; como resultado, la mayoría de tus
hermanos se parecen a las cocineras.

Cuando
te
irriten
los
grillos

---

2. N. del T. De una familia de un popular programa de televisión.

Por último, la esposa con la que tu padre había deseado casarse en primer lugar queda embarazada... y naces tú.

Eres el hijo preferido... y tus hermanos lo saben.

Te dan auto. A ellos no. Te visten de Armani; a ellos de K-Mart.[3] Vas a campamentos de verano; ellos trabajan en verano. Tú te educas; ellos se enojan.

Y se vengan. Te venden a algún proyecto de servicio en el extranjero, te suben a un avión cuyo destino es Egipto, y le dicen a tu padre que te disparó un francotirador. Te encuentras rodeado de personas desconocidas, aprendiendo un idioma que no comprendes y viviendo en una cultura que jamás viste.

¿Cuento imaginario? No. Es la historia de José. Un hijo preferido en una familia extraña, tenía toda la razón de estar enojado.

Intentó sacarle el mayor provecho posible. Se convirtió en el siervo principal de la máxima autoridad del Servicio Secreto. La esposa del jefe trató de seducirlo y cuando se negó, ella protestó y él acabó en la prisión. Faraón se enteró del hecho que José podía interpretar sueños y le dio la oportunidad de tratar de dilucidar algunos de los del mismo faraón.

Cuando José los interpretó, lo promovieron de la prisión al palacio para ocupar el puesto de primer ministro. La segunda posición en importancia en todo Egipto. La única persona ante la cual se inclinaba José era el rey.

Mientras tanto golpea una hambruna y Jacob, el padre de José, envía a sus hijos a Egipto para obtener un préstamo del extranjero. Los hermanos no lo saben, pero están frente al mismo hermano que vendieron a los gitanos unos veintidós años antes.

No reconocen a José, pero José los reconoce. Un poco más calvos y barrigones, pero son los mismos

Cuando Dios susurra tu nombre

---

3. N. del T. Armani es una marca de ropa cara; K-Mart es una tienda de precios módicos.

hermanos. Imagina los pensamientos de José. La última vez que vio estos rostros fue desde el fondo de un pozo. La última vez que escuchó estas voces, se estaban riendo de él. La última vez que pronunciaron su nombre, lo insultaron de toda manera posible.

Ahora es su oportunidad de vengarse. Él tiene el control total. Basta chasquear sus dedos para que estos hermanos estén muertos. Mejor aún, espósenlos y pongan grillos en sus pies y que vean cómo es un calabozo egipcio. Que duerman en el barro. Que limpien los pisos. Que aprendan egipcio.

La venganza está al alcance de José. Y hay poder en la venganza. Poder embriagante.

¿Acaso no lo hemos probado? ¿No hemos sentido la tentación de vengarnos?

Al entrar a la corte acompañando al ofensor, anunciamos: «¡Él me lastimó!» Las personas del jurado mueven sus cabezas con disgusto. «¡Él me abandonó!», explicamos, y las cámaras hacen eco de nuestra acusación. «¡Culpable!», gruñe el juez al golpear su mazo. «¡Culpable!», concuerda el jurado. «¡Culpable!», proclama el auditorio. Nos deleitamos en este momento de justicia. Saboreamos este bistec de a libra. Así que prolongamos el acontecimiento. Relatamos la historia una y otra y otra vez.

Ahora congelemos esa escena. Tengo una pregunta. No para todos, sino para algunos. Algunos de vosotros estáis ante la corte. La corte de la queja. Algunos sacáis a relucir la misma herida en cada oportunidad ante cualquiera que esté dispuesto a escuchar.

La pregunta es para vosotros: ¿Quién os convirtió en Dios? No tengo la intención de ser arrogante, pero, ¿por qué hacéis lo que le corresponde a Él?

«Mía es la venganza», declaró Dios. «Yo daré el pago» (Hebreos 10.30).

«No digas: Yo pagaré mal por mal; espera en el SEÑOR, y Él te salvará» (Proverbios 20.22, Biblia de las Américas).

El juicio le corresponde a Dios. El suponer algo distinto equivale a suponer que Dios no lo puede hacer.

La venganza es irreverente. Cuando devolvemos un golpe estamos diciendo: «Sé que la venganza es tuya, Dios, pero lo que ocurre es que pensé que no castigarías lo suficiente. Pensé que sería mejor tomar esta situación en mis propias manos. Tiendes a ser un poco suave».

José comprende eso. En lugar de buscar la venganza, revela su identidad y hace que su padre y el resto de la familia sea traída a Egipto. Les concede protección y les provee un lugar para vivir. Viven en armonía durante diecisiete años.

Pero luego muere Jacob y llega el momento de la verdad. Los hermanos sospechan de que ante la desaparición de Jacob serán afortunados si logran salir de Egipto con su cabeza en su lugar. Así que se acercan a José para pedir misericordia.

«Tu padre mandó antes de su muerte, diciendo: Así diréis a José: Te ruego que perdones ahora la maldad de tus hermanos» (Génesis 50.16-17). (No puedo evitar sonreír ante la idea de que hombres grandes hablasen de esta manera. ¿No les parece que suenan como niños llorones: «Papá dijo que nos trates bien»?)

¿La respuesta de José? «Y José lloró mientras hablaban» (Génesis 50.17). *«¿Qué más tengo que hacer?»* imploran sus lágrimas. *«Les he dado un hogar. He provisto para sus familias. ¿Por qué siguen desconfiando de mi gracia?»*

Por favor lean con cuidado las dos declaraciones que les hace a sus hermanos. Primero pregunta: «¿Acaso estoy yo en lugar de Dios?» (v. 19).

¿Me permiten volver a declarar lo obvio? ¡La venganza le pertenece a Dios! Si la venganza es de Dios, no es nuestra. Dios no nos ha pedido que equiparemos los tantos o que nos venguemos. Jamás.

¿Por qué? La respuesta puede hallarse en la segunda parte de la declaración de José: «Vosotros pensasteis mal contra mí, mas Dios lo encaminó a bien, para hacer lo que vemos hoy, para mantener en vida a mucho pueblo» (v. 20).

El perdón aparece con más facilidad con una lente de gran alcance. José utiliza una para poder ver todo el cuadro. Rehúsa enfocar la traición de sus hermanos sin mirar también la lealtad de su Dios.

Siempre es de ayuda ver el cuadro completo.

Hace tiempo estaba en el vestíbulo de un aeropuerto cuando vi entrar a un conocido. Era un hombre al cual no había visto por bastante tiempo, pero a menudo había pensado en él. Había pasado por un divorcio y lo conocía lo suficiente como para saber que él merecía parte de la culpa.

Noté que no estaba solo. A su lado estaba una mujer. *¡Vaya bribón! ¿Hace apenas unos meses y ya está con otra dama?*

Cualquier pensamiento de saludarlo desapareció al emitir un juicio con respecto a su carácter. Pero entonces me vio. Me saludó con la mano. Me hizo señas para que me acercara. Estaba atrapado. Tendría que acercarme para visitar al réprobo. De modo que lo hice.

—Max, te presento a mi tía y a su esposo.

Tragué saliva. No había visto al hombre.

—Nos dirigimos a un encuentro familiar. Sé que les gustaría mucho conocerte.

—Usamos sus libros en nuestro estudio bíblico familiar —dijo el tío de mi amigo—. Sus percepciones son excelentes.

«Si sólo supieras», me dije. Había cometido el pecado común de los que no perdonan. Había emitido un voto sin conocer la historia.

Perdonar a alguien implica admitir nuestras limitaciones. Sólo se nos ha entregado una pieza del rompecabezas de la vida. Únicamente Dios posee la tapa de la caja.

Perdonar a alguien implica poner en práctica la reverencia. Perdonar no es decir que el que te lastimó tenía razón. Perdonar es declarar que Dios es justo y que hará lo que sea correcto.

Después de todo, ¿no tenemos ya suficientes cosas para hacer sin intentar hacer también lo que le corresponde a Dios?

Adivinen qué. Acabo de notar algo. El grillo se calló. Me metí tanto en este capítulo que lo olvidé. Hace como una hora que no lanzo un bolígrafo. Supongo que se durmió. Es posible que eso sea lo que intentaba hacer desde un principio, pero yo lo despertaba a cada rato con mis bolígrafos.

Finalmente logró descansar algo. Logré darle fin a este capítulo. Es sorprendente lo que se logra cuando nos desprendemos de nuestro enojo.

CAPÍTULO CATORCE

Cómo ver lo que ojo no ve

*E*STOY DE PIE a seis pasos del borde de la cama. Mis brazos extendidos. Manos abiertas. Sobre la cama Sara, con sus cuatro años, agachada, adopta una pose cual gatito juguetón. Va a saltar. Pero no está lista. Estoy demasiado cerca.

—Más atrás, papi —de pie me desafía.

Dramáticamente accedo, confesando admiración por su valor. Luego de dar dos pasos gigantes me detengo.

—¿Más? —le pregunto.

—¡Sí! —chilla Sara, saltando sobre la cama.

Ante cada paso se ríe, aplaude y hace ademanes pidiendo más. Cuando estoy del otro lado del cañón, cuando estoy fuera del alcance del hombre mortal, cuando sólo soy una pequeña figura en el horizonte, ella me detiene.

—Allí, deténte allí.

—¿Estás segura?

—Estoy segura —grita ella.

Extiendo mis brazos. Una vez más ella se agacha, luego brinca. Superman sin capa. Paracaidista sin paracaídas. Sólo su corazón vuela más alto que su cuerpo. En ese instante de vuelo su única esperanza es su padre. Si él resulta débil, se caerá. Si resulta cruel, se estrellará. Si resulta olvidadizo, dará tumbos contra el duro piso.

Pero no conoce tal temor, porque a su padre sí lo conoce. Ella confía en él. Cuatro años bajo el mismo techo le han convencido de que es confiable. No es sobrehumano, pero es fuerte. No es santo, pero es bueno. No es brillante, pero no es necesario que lo sea para recordar atrapar a su hija cuando salta.

De modo que vuela.

De modo que remonta.

De modo que la atrapa y los dos se regocijan ante la unión entre la confianza de ella y la fidelidad de él.

❧

Estoy de pie a poca distancia de otra cama. Esta vez nadie se ríe. La habitación tiene aspecto solemne. Una máquina bombea aire hacia un cuerpo cansado. Un monitor mide el ritmo de los latidos de un agotado corazón. La mujer en la cama no es ninguna niña. Una vez lo fue. Hace décadas. Lo fue. Pero ahora no.

Al igual que Sara, debe confiar. A sólo días de haber estado en el quirófano, acaban de informarle que deberá regresar allí. Su débil mano aprieta la mía. Sus ojos se humedecen de temor.

A diferencia de Sara, no ve padre alguno. Pero el Padre la ve a ella. *Confía en Él*, digo para bien de ambos. Confía en la voz que susurra tu nombre. Confía en que las manos atraparán.

❧

98

Estoy sentado ante una mesa enfrentado a un hombre bueno. Bueno y asustado. Su temor tiene asidero. Las acciones han bajado. La inflación ha subido. No es que haya malgastado ni apostado ni jugado. Ha trabajado intensamente y ha orado con frecuencia, pero ahora tiene temor. Debajo del traje de franela se oculta un tímido corazón.

Cómo ver lo que ojo no ve

Revuelve su café y fija en mí su vista con los ojos de Coyote[1] que acaba de darse cuenta que ha corrido hasta más allá del borde del precipicio. Está a punto de caer y caer rápidamente. Es Pedro sobre el agua, que mira la tormenta en lugar del rostro. Es Pedro en medio de las olas, que escucha el viento y no la voz.

Confía, lo animo. Pero la palabra cae como una piedra. No está acostumbrado a algo tan extraño. Es un hombre de lógica. Aun cuando el barrilete se remonta por detrás de las nubes sigue sosteniendo la cuerda. Pero ahora la cuerda se ha resbalado. Y el cielo está en silencio.

Estoy de pie a poca distancia de un espejo y veo el rostro de un hombre que fracasó... le falló a su Creador. Otra vez. Prometí que no lo haría, pero lo hice. Me mantuve callado cuando debí haber sido denodado. Me senté cuando debí haber adoptado una postura.

Si esta fuera la primera vez, sería diferente. Pero no lo es. ¿Cuántas veces puede uno caer y tener la expectativa del rescate?

Confiar. ¿Por qué resulta fácil decírselo a otros y tan difícil recordárselo uno mismo? ¿Sabe Dios qué hacer con la muerte? A la mujer le dije que sí. ¿Sabe Dios qué hacer con la deuda? Eso fue lo que le

---

1. N. del T. El villano de los dibujos animados del *Correcaminos*.

comuniqué al hombre. ¿Puede Dios escuchar otra confesión de estos labios?

El rostro en el espejo pregunta.

❧

Estoy sentado a pocos pies de un hombre condenado a muerte. Judío de nacimiento. Fabricante de carpas de oficio. Apóstol por llamado. Sus días están contados. Tengo curiosidad por saber qué es lo que sostiene a este hombre al aproximarse su ejecución. Así que le hago unas preguntas.

¿Tienes familia, Pablo? *Ninguna.*

¿Qué tal tu salud? *Mi cuerpo está golpeado y cansado.*

¿Cuáles son tus posesiones? *Tengo mis pergaminos. Mi pluma. Un manto.*

¿Y tu reputación? *Pues, no vale mucho. Para algunos soy un hereje, para otros un indómito.*

¿Tienes amigos? *Sí, pero incluso algunos de ellos se han echado atrás.*

¿Tienes galardones? *No en la tierra.*

Entonces, ¿qué tienes, Pablo? Sin posesiones. Sin familia. Criticado por algunos. Escarnecido por otros. ¿Qué tienes, Pablo? ¿Qué cosa tienes que valga la pena?

Me reclino en silencio y espero. Pablo cierra su puño. Lo mira. Yo lo miro. ¿Qué es lo que sostiene? ¿Qué tiene?

Extiende su mano para que la pueda ver. Al inclinarme hacia adelante, abre su puño. Observo su palma. Está vacía.

Tengo mi fe. Es todo lo que tengo. Pero es lo único que necesito. He guardado la fe.

Pablo se reclina contra la pared de su celda y sonríe. Y yo me reclino contra otra pared y fijo la vista en el rostro de un hombre que ha aprendido que la vida es más de lo que el ojo percibe.

Pues de eso se trata la fe. La fe es confiar en lo que el ojo no puede ver.

Los ojos ven al león que acecha. La fe ve el ángel de Daniel.

Los ojos ven tormentas. La fe ve el arco iris de Noé.

Los ojos ven gigantes. La fe ve a Canaán.

Tus ojos ven tus faltas. Tu fe ve a tu Salvador.

Tus ojos ven tu culpa. Tu fe ve su sangre.

Tus ojos ven tu tumba. Tu fe ve una ciudad cuyo constructor y creador es Dios.

Tus ojos miran al espejo y ven un pecador, un fracaso, un quebrantador de promesas. Pero por fe miras al espejo y te ves como pródigo elegantemente vestido llevando en tu dedo el anillo de la gracia y en tu rostro el beso de tu Padre.

Pero aguarda un minuto, dice alguien. ¿Cómo sé que esto es cierto? Linda prosa, pero quiero hechos. ¿Cómo sé que estas no son sólo vanas esperanzas?

Parte de la respuesta puede hallarse en los saltos de fe de Sara. Su hermana mayor, Andrea, estaba en la habitación mirando, y le pregunté a Sara si brincaría a los brazos de Andrea. Sara se negó. Intenté convencerla. No cedía.

—¿Por qué no? —le pregunté.

—Sólo salto a brazos grandes.

Si pensamos que los brazos son débiles, no saltaremos.

Por eso, el Padre flexionó sus músculos. «El poder de Dios es muy grande para los que creen», enseñaba Pablo. «Ese poder es como la acción de su fuerza poderosa, que ejerció en Cristo cuando lo resucitó de entre los muertos» (Efesios 1.19-20, NVI).

La próxima vez que te preguntes si Dios puede rescatarte, lee ese versículo. Los mismos brazos que vencieron a la muerte son los que te están aguardando.

La próxima vez que te preguntes si Dios te puede perdonar, lee ese versículo. Las mismas manos que clavaron a la cruz están abiertas para ti.

Cómo
ver
lo que
ojo
no ve

Y la próxima vez que te preguntes si sobrevivirás al salto, piensa en Sara y en mí. Si un padre cabeza dura de carne y hueso como yo puede atrapar a su hija, ¿no te parece que tu Padre eterno puede atraparte a ti?

Cuando
Dios
susurra
tu
nombre

CAPÍTULO QUINCE

Cómo vencer lo heredado[1]

STEFAN TE PUEDE CONTAR acerca de árboles familiares. Se gana la vida por medio de ellos. Heredó un bosque alemán que ha pertenecido a su familia durante cuatrocientos años. Los árboles que cosecha los plantó su bisabuelo hace ciento ochenta años. Los árboles que planta no estarán listos para comerciar hasta que nazcan sus bisnietos.

Él es parte de una cadena.

«Cada generación debe tomar una decisión», me dijo. «Pueden hacer pillaje o plantar. Pueden violar la tierra y hacerse ricos, o pueden cuidarla, cosechar sólo lo que les pertenece y dejarle una inversión a sus hijos».

Stefan cosecha semillas sembradas por hombres que jamás conoció.

Stefan siembra semillas que cosecharán descendientes que nunca verá.

---

1. Con aprecio para Stefan Richart-Willmes.

Dependiente del pasado, responsable del futuro: es parte de una cadena.

Como nosotros. Somos hijos del pasado. Padres del futuro. Herederos. Benefactores. Receptores del trabajo realizado por los que nos precedieron. Nacidos en un bosque que no sembramos.

Lo cual me lleva a preguntar, ¿cómo está tu bosque?

Al pararte sobre la tierra legada por tus antecesores, ¿qué aspecto tiene? ¿Cómo te sientes?

¿Orgullo ante el legado? Quizás. Algunos heredan tierra con nutrientes. Árboles de convicción de raíces profundas. Hilera tras hilera de verdad y herencia. Es posible que te apoyes en el bosque de tus padres con orgullo. Si ese es tu caso, da gracias, pues muchos no pueden hacerlo.

Muchos no están orgullosos de sus árboles familiares. Pobreza. Vergüenza. Abuso. Tales son los bosques con que se encuentran algunos. La tierra ha sufrido pillaje. Las cosechas fueron levantadas, pero no fue realizada siembra alguna.

Quizás te criaron en un hogar de prejuicios e intolerancia, lo cual te hace intolerante de las minorías. Tal vez te criaron en un hogar de avaricia, de allí que tus deseos de posesiones sean insaciables.

A lo mejor tus recuerdos de la niñez te causan más dolor que inspiración. Las voces de tu pasado te maldijeron, te rebajaron, te ignoraron. En esa época, pensaste que tal trato era típico. Ahora ves que no es así.

Y ahora intentas darle explicación a tu pasado.

Me contaron de un hombre que debe haber tenido pensamientos de esa naturaleza. Su legado era trágico. Su abuelo fue un asesino y un místico que sacrificaba a sus hijos en abuso ritual. Su padre fue un gamberro que destruía casas de adoración y se burlaba de creyentes. Lo asesinaron a los veinticuatro años de edad... sus amigos.

Los hombres eran típicos de su era. Vivieron en un tiempo cuando las prostitutas ofrecían su mercadería en las casas de adoración. Los magos trataban las enfermedades con hechizos. Las personas adoraban las estrellas y se guiaban por los horóscopos. Se pensaba más en la superstición y el vudú que en la educación de los niños.

Era un momento tenebroso para nacer. ¿Qué se puede hacer cuando tu abuelo era seguidor de la magia negra, tu padre era un hombre vil y tu nación corrupta?

¿Repetir la historia? Algunos suponían que lo haría. Lo calificaron de delincuente antes de nacer, de tal palo tal astilla. Casi puedes escuchar cómo gimen las personas cuando él pasa: «Será igual a su padre».

Pero se equivocaron. No lo fue. Revirtió la tendencia. Se enfrentó a lo improbable. Se elevó cual dique contra las tendencias de su época y le imprimió un nuevo cauce al futuro de su nación. Sus logros fueron tan notables que seguimos relatando su historia dos mil seiscientos años después.

La historia del rey Josías. El mundo ha conocido reyes más sabios; el mundo ha visto reyes más ricos; el mundo ha sabido de reyes más poderosos. Pero la historia nunca ha visto un rey más valeroso que el joven Josías.

Nacido unos seiscientos años antes de Jesús, Josías heredó un trono frágil y una corona deslucida. El templo estaba en desorden, la Ley se había perdido y el pueblo adoraba a cualquier dios que se le ocurriera. Pero al finalizar su reinado de treinta y un años, el templo se había reconstruido, los ídolos destruidos y la Ley de Dios nuevamente se había elevado hasta ocupar un sitio de prominencia y poder.

El bosque se había reclamado.

El abuelo de Josías, el rey Manasés, fue recordado como el rey que derramó «mucha sangre inocente en gran manera, hasta llenar a Jerusalén de extremo a extremo» (2 Reyes 21.16). Su padre, el rey Amón, murió a manos de sus propios oficiales. «Hizo lo que Dios dijo que estaba mal», dice su epitafio.

Los ciudadanos formaron una comitiva y mataron a los asesinos, y Josías, de ocho años, asumió el trono. A principios de su reinado Josías tomó una valiente decisión. «Anduvo en todo el camino de David su padre, sin apartarse a derecha ni a izquierda» (2 Reyes 22.2).

Hojeó su álbum familiar hasta encontrar un antepasado digno de emulación. Josías saltó la vida de su padre y pasó por alto la de su abuelo. Dio un salto hacia atrás en el tiempo hasta encontrar a David y determinó: «Voy a ser como él».

¿El principio? No podemos escoger nuestros padres, pero sí podemos elegir a nuestros mentores.

Y como Josías escogió a David (quien había escogido a Dios), comenzaron a suceder cosas.

> La gente derribó los altares de los baales según las directivas de Josías.
>
> Josías destrozó los altares del incienso.
>
> Josías... despedazó las imágenes de Asera y... las redujo a polvo.
>
> Quemó los huesos de los sacerdotes.
>
> Josías derribó los altares.
>
> Destrozó todos los altares de incienso por todas las tierras de Israel (2 Crónicas 34.4-5,7, Biblia de las Américas).

No se puede decir que fuera un recorrido turístico. Pero, por otro lado, Josías no tenía la intención de conseguir amigos. Tenía como finalidad hacer una declaración: «Lo que enseñaron mis padres, yo no enseño. Lo que ellos abrazaron, yo rechazo».

Y aún no había acabado. Cuatro años después a la edad de veintiséis años, dirigió su atención al templo. Estaba en ruinas. El pueblo había permitido que se fuera desmoronando. Pero Josías estaba decidido. Algo había sucedido que le echó fuego a su pasión por la restauración del templo. Se le había entregado un bastón. Una antorcha se había recibido.

A principios de su reinado decidió servir al Dios de David, su antepasado. Ahora elegía servir al Dios de otro. Nótese en 2 Crónicas 34.8 (Biblia de las Américas): «Y en el año dieciocho de su reinado, cuando había purificado la tierra y la casa, envió a Safán[...] para que repararan la casa del SEÑOR *su* Dios», *el Dios de Josías* (énfasis mío).

Dios era *su* Dios. La fe de David era la fe de Josías. Había encontrado al Dios de David y lo había hecho suyo. Cuando el templo se estaba reconstruyendo, uno de los obreros encontró un rollo. En el rollo estaban las palabras de Dios dadas a Moisés casi mil años antes.

Cuando Josías oyó las palabras, quedó impactado. Lloró al ver que su pueblo se había alejado tanto de Dios que su Palabra no formaba parte de sus vidas.

Le envió palabra a una profetisa preguntándole: «¿Qué le sucederá a nuestro pueblo?»

Ella le dijo a Josías que por haberse arrepentido cuando oyó las palabras, su nación se salvaría de la ira de Dios (véase 2 Crónicas 34.27). Increíble. Una generación completa recibió gracia debido a la integridad de un hombre.

¿Es posible que Dios lo haya puesto sobre la tierra por ese motivo?

¿Es posible que Dios te haya puesto sobre la tierra por el mismo motivo?

Tal vez tu pasado no sea algo de lo cual jactarte. Tal vez fuiste testigo de horrible maldad. Y ahora tú, al igual que Josías, debes tomar una decisión. ¿Te sobrepones al pasado y produces un cambio? ¿O permaneces bajo el control del pasado y elaboras excusas?

Muchos escogen lo último.

Muchos escogen los hogares de convalecientes del corazón. Cuerpos saludables. Mentes agudas. Pero sueños jubilados. Se hamacan sin cesar en la mecedora del remordimiento, repitiendo las condiciones de la rendición. Arrímate y podrás escucharlos: «Si tan solo». La bandera blanca del corazón.

«Si tan solo...»

«Si tan solo hubiese nacido en otra parte...»

«Si tan solo me hubiesen tratado con justicia...»

«Si tan solo hubiese tenido padres más amorosos, más dinero, mejores oportunidades...»

«Si tan solo me hubiesen enseñado a usar el baño más pronto, castigado menos o enseñado a comer sin hacer ruidos molestos».

A lo mejor has usado esas palabras. Quizás tengas motivos sobrados para usarlas. Tal vez tú, al igual que Josías, hayas escuchado contar hasta diez aun antes de entrar al cuadrilátero. Para encontrar un antepasado que valga la pena imitar, tú, al igual que Josías, debes hojear tu álbum familiar saltando hasta muy atrás.

Si tal es el caso, permíteme que te muestre a dónde recurrir. Echa a un lado el álbum y levanta tu Biblia. Busca el Evangelio de Juan y lee las palabras de Jesús: «La vida humana nace del hombre, mientras que la vida espiritual nace del Espíritu» (Juan 3.6, NVI).

Medita en eso. ¡La vida espiritual nace del Espíritu! Tus padres pueden haberte dado tu genes, pero Dios te da gracia. Es posible que tus padres sean responsables de tu cuerpo, pero Dios se ha hecho cargo de tu alma. Es posible que tu aspecto venga de tu madre, pero la eternidad te viene de tu Padre, tu Padre celestial.

De paso, Él no está ciego ante tus problemas. Es más, Dios está dispuesto a darte lo que tu familia no te dio.

¿No tuviste un buen padre? Él será tu Padre.

A través de Dios eres un hijo; y, si eres un hijo, ciertamente eres también un heredero (Gálatas 4.7, traducción libre del inglés versión PHILLIPS).

¿No tuviste un buen modelo? Prueba con Dios.

Sed, pues, imitadores de Dios, como hijos amados (Efesios 5.1).

¿Nunca tuviste un padre que te enjugara las lágrimas? Reconsidera. Dios ha visto cada una de ellas.

Tú llevas la cuenta de mis huidas; tú recoges cada una de mis lágrimas. ¿Acaso no las tienes anotadas en tu libro? (Salmo 56.8, Versión Popular).

Dios no te ha dejado a la deriva en un mar de herencias. Al igual que Josías, no puedes controlar la manera en que respondieron tus antepasados a Dios. Pero puedes controlar tu forma de responder ante Él. No es necesario que el pasado sea tu prisión. Puedes tener una voz en tu destino. Puedes expresarte con respecto a tu vida. Puedes escoger el camino por donde andarás.

Escoge bien y algún día, muchas generaciones después, tus nietos y bisnietos agradecerán a Dios por las semillas que sembraste.

CAPÍTULO DIECISÉIS

El dulce sonido del
segundo violín

DURANTE MILES DE AÑOS, la relación había sido perfecta. Hasta donde cualquiera pudiese recordar, la luna había reflejado con fidelidad los rayos del sol en la oscura noche. Era el dúo más grandioso del universo. Otras estrellas y planetas se maravillaban ante la confiabilidad del equipo. Su reflejo cautivó a una generación tras otra de terrícolas. La luna se convirtió en símbolo de romance, esperanzas sublimes e incluso rimas infantiles.

«No dejes de brillar, luna de la cosecha», cantaba la gente. Y así lo hacía. Es decir, lo hacía hasta cierto punto. Verás, la luna en realidad no brillaba. Reflejaba. Tomaba la luz que le daba el sol y la apuntaba hacia la tierra. Una simple tarea de recibir iluminación y compartirla.

Se pensaría que semejante combinación duraría para siempre. Casi sucedió eso. Pero un día, una estrella cercana implantó un pensamiento en el interior de la luna.

—Debe ser difícil ser luna —sugirió la estrella.

111

—¿Qué quieres decir? ¡Me encanta! Me toca realizar una tarea importante. Cuando oscurece, la gente me mira esperando recibir ayuda. Y yo miro al sol. Él me da lo que necesito y le doy a las personas lo que ellas necesitan. Dependen de mí para iluminar su mundo. Y yo dependo del sol.

—Así que tú y el sol deben ser bastante unidos.

—¿Unidos? Vaya, si somos como Huntley y Brinkley, Hope y Crosby, Benny y Day...[1]

—¿O quizás Edgar Bergen y Charlie McCarthy?

—¿Quién?

—Ya sabes, el ventrílocuo con el muñeco.

—Pues, eso del muñeco no sé.

—Eso, precisamente, es lo que quiero decir. Tú eres el muñeco. No tienes luz propia. Dependes del sol. Eres el acompañante. No tienes fama propia.

—¿Fama propia?

—Sí, hace demasiado tiempo que tocas el segundo violín. Te hace falta dar un paso por cuenta propia.

—¿A qué te refieres?

—Me refiero a que dejes de reflejar y empieces a generar. Haz lo tuyo. Sé tu propio jefe. Haz que la gente sepa quién eres en realidad.

—¿Quién soy?

—Pues, eres, eh, verás, ejem, bueno, eso es lo que debes averiguar. Necesitas averiguar quién eres.

La luna se detuvo a pensar por un momento. Lo que decía la estrella tenía sentido. Aunque nunca lo había considerado, de repente estaba consciente de todas las desigualdades de la relación.

¿Por qué tenía que ser siempre ella la encargada de cubrir el turno de la noche? ¿Y por qué debía ser la primera en que la pisaran los astronautas? ¿Y por qué debía ser siempre acusada de causar olas? ¿Y por qué, para variar, no le aúllan al sol los perros y los lobos? ¿Y por qué tiene que ser tan negativo estar «en la luna» mientras que «tomar sol» es una práctica aceptada?

---

1. N. del T. Artistas y locutores de la televisión.

—¡Tienes razón! —aseveró la luna—. Ya es hora de que haya una igualdad solar-lunar aquí arriba.

—Ahora sí que hablas —le incitaba la estrella—. ¡Ve a descubrir a la luna verdadera!

Tal fue el comienzo de la ruptura. En lugar de dirigir su atención al sol, la luna empezó a dirigir su atención a sí misma.

Emprendió el camino de la autosuperación. Después de todo, su cutis era un desastre, tan lleno de cráteres y cosas por el estilo. Su guardarropas tristemente se limitaba a tres tallas: llena, media y cuarto. Y su color era de un amarillo anémico.

De modo que armada de determinación, se dispuso a apuntar a metas altas.

Ordenó la aplicación de fomentos de glaciar para su cutis. Modificó su apariencia para incluir nuevas formas como triángulos y cuadrados. Y para cambiar el color optó por un naranja escandaloso. «Ya nadie me llamará cara de queso».

La nueva luna había bajado de peso y mejorado su estado físico. Su superficie estaba tan suave como las asentaderas de un bebé. Todo anduvo bien por un tiempo.

Inicialmente, su nuevo aspecto hizo que disfrutara de su propio brillo de luna. Los meteoros que pasaban se detenían a visitar. Las estrellas lejanas llamaban para elogiarla. Las lunas colegas la invitaban a sus órbitas para mirar juntos las telenovelas.

Tenía amigos. Gozaba de fama. No tuvo necesidad del sol... hasta que cambió la moda. De repente el estilo gamberro pasó y entró la moda colegial. Se detuvieron los elogios y comenzaron las risitas, porque la luna era lenta en darse cuenta de que estaba pasada de moda. Cuando al fin se dio cuenta y cambió su naranja por finas rayas, la moda pasó a ser estilo campesino.

Fue el dolor provocado por las piedras brillantes incrustadas en su superficie lo que al fin la llevó a preguntarse: «¿Para qué sirve esto, después de todo?» Un día una figura en la portada de una revista para que al día siguiente la olviden. Vivir de los elogios de los demás constituye una dieta errática.

Por primera vez desde el inicio de su campaña de búsqueda del yo, la luna pensó en el sol. Recordó los buenos milenios cuando los elogios no la preocupaban. Lo que la gente pensaba de ella carecía de importancia ya que no estaba metida en el asunto de lograr que la gente la mirara. Cualquier alabanza que le hicieran, rápidamente se pasaba al jefe. Empezaba a comprender el plan del sol. «Es posible que me estuviese haciendo un favor».

Miró hacia abajo en dirección de la tierra. Los terrícolas habían estado recibiendo un buen show. Nunca sabían qué esperar: primero gamberro, luego colegial y ahora campesino. Los levantadores de apuestas de Las Vegas intentaban adivinar si la próxima moda sería chic o macho. En lugar de ser la luz de su mundo se había convertido en el blanco de sus bromas.

Hasta la vaca se negaba a saltar por encima de ella.[2]

Pero el frío era lo que más la molestaba. La ausencia del sol la dejaba con un persistente enfriamiento. Nada de calor. Nada de resplandor. Su sobretodo largo no ayudaba. No podía ayudar; el temblor le venía de adentro, un temblor helado desde la profundidad de su núcleo que la dejaba con una sensación de frío y soledad.

Lo cual representaba exactamente su condición.

Una noche mientras miraba a las personas que caminaban en la oscuridad, la golpeó la futilidad de

---

2. N.del T. En inglés, hay una rima infantil que habla de una vaca que saltó por encima de la luna.

todo el asunto. Pensó en el sol. *Me daba todo lo que necesitaba. Cumplía un propósito. Sentía calor. Estaba contenta. Cumplía... Cumplía el propósito para el cual fui creada.*

De repente, sintió ese viejo y conocido calor. Se dio vuelta y allí estaba el sol. El sol nunca se había movido.

—Me alegra que estés de regreso —dijo el sol—. A trabajar se ha dicho.

—¡Cómo no! —aceptó la luna.

Se quitó el sobretodo. Volvió la redondez y se vio una luz en el cielo oscuro. Una luz más llena. Una luz aun más brillante.

Y hasta el día de hoy cuando el sol brilla la luna refleja y se ilumina la oscuridad, la luna no se queja ni se pone celosa. Sólo hace lo que siempre debió hacer.

La luna ilumina.

El dulce sonido del segundo violín

CAPÍTULO DIECISIETE

Tu saco de piedras

TIENES UNO. Un saco. Un saco de harpillera. A lo mejor no estás consciente de él, es posible que no se te haya dicho nada al respecto. Quizás no lo recuerdas. Pero se te dio. Un saco. Un saco de harpillera áspera y basta.

Te hace falta el saco para cargar las piedras. Rocas, peñascos, guijarros. De todos tamaños. De todas formas. Todas indeseadas.

No las solicitaste. No las buscaste. Pero te las dieron.

¿No lo recuerdas?

Algunas fueron rocas de rechazo. Se te entregó una la vez que no pasaste la prueba. No fue por falta de esfuerzo. Sólo el cielo sabe cuánto practicaste. Pensaste que eras lo suficientemente bueno para formar parte del equipo. Pero el entrenador no. El instructor no. Pensaste que eras lo suficiente bueno, pero ellos dijeron que no lo eras.

¿Ellos y cuántos más?

No es necesario que vivas mucho tiempo para obtener una colección de piedras. Obtienes una mala nota. Tomas una decisión incorrecta. Armas un lío.

Te apodan algunos nombres desagradables. Se burlan de ti. Abusan de ti.

Y las piedras no se detienen con la adolescencia. Esta semana envié una carta a un hombre desempleado que han rechazado en más de cincuenta entrevistas.

Y así es que el saco se pone pesado. Pesado por causa de las piedras. Piedras de rechazo. Piedras que no nos merecemos.

Junto con algunas que sí merecemos.

Mira hacia el interior del saco de harpillera y verás que no todas las piedras son de rechazos. Existe un segundo tipo de piedra. La del remordimiento.

Remordimiento por la vez que diste rienda a la cólera.

Remordimiento por el día que perdiste el control.

Remordimiento por el momento que perdiste tu orgullo.

Remordimiento por los años que perdiste tus prioridades.

E incluso remordimiento por el momento en que perdiste tu inocencia.

Una piedra tras otra, una piedra de culpa tras otra. Con el tiempo el saco se pone pesado. Nos cansamos. ¿Cómo puedes tener sueños para el futuro cuando necesitas de toda tu energía para llevar el pasado a cuestas?

Con razón algunos se ven desdichados. El saco demora el paso. El saco raspa. Ayuda a explicar la irritación de tantos rostros, tantos pasos arrastrados, tantos hombros caídos y, por encima de todo, tantos actos desesperados.

Te consume la necesidad de hacer lo que sea para conseguir un poco de descanso.

Así que te llevas el saco a la oficina. Determinas trabajar con tanto ahínco que lo olvides. Llegas temprano y te quedas hasta tarde. La gente está impresionada. Pero cuando llega la hora de ir a casa, allí está el saco... esperando que lo lleven afuera.

Cargas el saco hasta una hora feliz.[1] Un nombre como ese debe dar cierto alivio. De modo que apoyas el saco en el piso, te sientas en la banqueta y bebes algunos tragos. La música se vuelve fuerte y tu cabeza se pone liviana. Pero entonces llega la hora de partir, miras hacia abajo y allí está el saco.

Te arrastras hasta una sesión de terapia. Te sientas en el diván con el saco a tus pies y vuelcas todas tus piedras sobre el suelo y llamas a cada una por su nombre. El terapeuta escucha. Simpatiza contigo. Se brindan algunos consejos útiles. Pero cuando el tiempo se acaba, te ves obligado a juntar las rocas y llevarlas contigo.

Te desesperas tanto que decides probar un encuentro de fin de semana. Un poco de excitación. Un abrazo arriesgado. Una noche de pasión robada. Por un momento la carga se aligera. Pero luego se acaba el fin de semana. Se pone el sol del domingo y, aguardándote al pie de la escalera del lunes, se encuentra... lo adivinaste, tu saco de remordimientos y rechazos.

Incluso hay quienes llevan el saco a la iglesia. Quizás la religión ayude, razonamos. Pero en lugar de remover algunas piedras, algún predicador bien intencionado pero mal dirigido puede incrementar la carga. Los mensajeros de Dios a veces lastiman más de lo que ayudan. Y a lo mejor abandones la iglesia cargando algunas piedras nuevas en tu saco.

Tu saco de piedras

---

1. N. del T. En Estados Unidos le asignan ese nombre a una determinada hora que en bares y lugares de expendio de bebidas alcohólicas las mismas se venden a menor precio.

¿El resultado? Una persona que se arrastra por la vida, cargada por el pasado. No sé si lo has notado, pero resulta difícil ser considerado cuando cargas un saco de harpillera. Resulta difícil apoyar cuando uno mismo está hambriento de apoyo. Resulta difícil perdonar cuando uno se siente culpable.

Pablo hizo una observación interesante con respecto a la manera en que tratamos a las personas. Lo dijo en relación con el matrimonio, pero el principio se aplica a cualquier relación. «El que ama a su mujer, a sí mismo se ama» (Efesios 5.28). Existe una correlación entre lo que sientes con respecto a ti mismo y lo que sientes con respecto a otros. Si estás en paz contigo, si te amas, te llevarás bien con otros.

Lo inverso también es cierto. Si no te quieres, si estás apenado, avergonzado o enojado, otros lo sabrán. La parte trágica de la historia del saco de harpillera es que tendemos a tirar nuestras piedras a los que amamos.

A no ser que el ciclo se interrumpa.

Lo cual nos conduce a la pregunta: «¿De qué modo *puede* una persona obtener alivio?»

Lo cual, a su vez, nos lleva a uno de los versículos más bondadosos de la Biblia: «Venid a mí todos los que estáis trabajados y cargados, que yo os haré descansar. Llevad mi yugo sobre vosotros, y aprended de mí, que soy manso y humilde de corazón; y hallaréis descanso para vuestras almas; porque mi yugo es fácil, y ligera mi carga» (Mateo 11.28-30).

Sabías que iba a decir eso. Puedo verte sosteniendo este libro mientras mueves tu cabeza. «Lo he intentado. He leído la Biblia, me he sentado en el banco de la iglesia... pero nunca he recibido alivio».

Si ese es el caso, ¿me permites una pregunta delicada pero deliberada? ¿Es posible que te hayas acercado a la religión pero no a Dios? ¿Será que asististe a una iglesia, pero nunca viste a Cristo?

«Venid a mí», dice el versículo.

Es fácil ir al sitio equivocado. Ayer lo hice. Estaba en Portland, Maine, para tomar un avión a Boston. Me acerqué al mostrador, registré mi equipaje, conseguí mi boleto y me dirigí a mi puerta de embarque. Pasé seguridad, me senté y esperé a que anunciaran el vuelo. Esperé y esperé y esperé...

Finalmente, me acerqué al mostrador para preguntar a la asistente lo que ocurría, ella me miró y me dijo: «Está en la puerta equivocada».

Pues bien, ¿que habría sucedido si hubiese protestado y gemido diciendo: «Bueno, parece que no hay un vuelo a Boston. Al parecer me embarqué».

Me habrías dicho: «No estás embarcado. Sólo estás en la puerta equivocada. Dirígete hacia la correcta y vuelve a intentar».

No es que no hayas intentado... hace años que intentas tratar con tu pasado. Alcohol. Relaciones extramatrimoniales. Adicción al trabajo. Religión.

Jesús dice que Él es la solución para el cansancio del alma.

Ve a Él. Sé sincero con Él. Admite que tienes secretos del alma que nunca has enfrentado. Él ya sabe lo que son. Sólo espera que le pidas ayuda. Sólo espera que le entregues tu saco.

Adelante. Te alegrarás de haberlo hecho. (Los que están cerca de ti también se alegrarán... resulta difícil lanzar piedras cuando has dejado tu saco ante la cruz.)

CAPÍTULO DIECIOCHO

Sobre Oz y Dios

*T*Ú, DOROTHY de *El mago de Oz* y yo... tenemos mucho en común.

Todos sabemos cómo es estar en tierras lejanas rodeados de gente extraña.

Aunque nuestro camino escogido no está cubierto de ladrillos amarillos, seguimos esperando que nos lleve a casa.

Las brujas del este quieren más que nuestros zapatos color rubí.

Y Dorothy no es la primera persona en encontrarse rodeada de gente carente de cerebro, corazón y columna vertebral.

Podemos comprender a Dorothy.

Pero cuando Dorothy llega a la Ciudad de Esmeralda la comparación es increíble. Pues lo que le dijo el mago, algunos piensan que es lo que Dios nos dice a nosotros.

Recuerdas la trama. Cada uno de los personajes principales se acerca al mago con alguna necesidad. Dorothy busca un camino a casa. El espantapájaros desea sabiduría. El hombre de lata desea un corazón. El león necesita valor. Según lo que han oído, el mago de Oz puede conceder las cuatro cosas. De modo que se acercan. Temblando y reverentes, se acercan. Tiemblan en su presencia y se les corta el aliento ante su poder. Y juntando todo el valor posible, le presentan sus pedidos.

¿Su respuesta? Él los ayudará luego que demuestren que lo merecen. Él los ayudará tan pronto como logren vencer la fuente de la maldad. Tráiganme la escoba de la bruja, dice él, y los ayudaré.

De modo que eso hacen. Escalan las paredes del castillo y destruyen a la bruja y, en el proceso, hacen unos descubrimientos sorprendentes. Descubren que pueden vencer al mal. Descubren que con un poco de suerte y una mente rápida puede enfrentarse a lo mejor que lo peor tiene para dar. Y descubren que pueden hacerlo todo sin el mago.

Lo cual es bueno porque cuando regresan a Oz, los cuatro se enteran de que el mago es un debilucho. La cortina se abre y queda expuesto el todopoderoso. Aquel que adoraban y temían es un profesor calvo y regordete que puede armar un buen espectáculo de luces, pero nada puede hacer por resolver sus problemas.

Sin embargo, se redime él mismo por lo que le muestra a este grupo de peregrinos. (Esta es la parte que me hace pensar que el mago quizás haya hecho un recorrido por los púlpitos antes de conseguir la posición de mago.) Le dice a Dorothy y compañía que todo el poder que necesitan es el que ya tienen. Les explica que el poder para solucionar sus problemas siempre había estado en ellos. Después de todo, ¿no habían demostrado sabiduría el espantapájaros, compasión el hombre de lata y valor el león cuando se enfrentaron a la bruja? Y Dorothy no necesita la ayuda del todopoderoso Oz; lo único que precisa es un buen globo de aire caliente.

La película acaba cuando Dorothy descubre que su peor pesadilla en realidad sólo era un mal sueño. Que su hogar en algún sitio más allá del arco iris se encontraba exactamente donde ella siempre había estado. Y que es agradable contar con amigos en lugares altos, pero a fin de cuentas, le corresponde a uno mismo encontrar su camino a casa.

¿La moraleja de *El mago de Oz*? Todo lo que pueda llegar a hacerte falta, ya lo tienes.

El poder que necesitas es en realidad un poder que ya tienes. Sólo hace falta que busques con la suficiente profundidad, el tiempo necesario, y no habrá nada que no puedas hacer.

¿Te parece familiar? ¿Te parece patriótico? ¿Te parece... cristiano?

Durante años me pareció que lo era. Soy vástago de una robusta estirpe. Producto de una trabajadora cultura obrera que honraba la decencia, la lealtad, el trabajo arduo y amaba versículos de la Biblia como: «Dios ayuda al que se ayuda a sí mismo». (No, allí no se encuentra.)

«Dios lo inició y ahora debemos acabarlo», era nuestro lema. Él ha hecho la parte que le corresponde; ahora hacemos la nuestra. Es una propuesta de cincuenta por ciento cada uno. Un programa «hágalo usted mismo» que enfatiza la parte que nos toca y no asigna la importancia necesaria a la parte que le toca a Dios.

«Bienaventurados los ocupados», proclama esta teología, «pues ellos son los verdaderos cristianos».

No hay necesidad de los sobrenatural. No hay sitio para lo extraordinario. No hay lugar para lo trascendental. La oración se vuelve simbólica. (La verdadera fuerza está dentro de ti, no «allá arriba».) La comunión se convierte en un ritual. (El verdadero héroe eres tú, no Él.) ¿Y el Espíritu Santo? Pues, el Espíritu Santo llega a ser algo que oscila entre una buena disposición y una actitud mental positiva.

Es un enfoque que ve a Dios como quien dio cuerda al mundo y se alejó. Y la filosofía da resultado...

siempre y cuando trabajes. Tu fe es fuerte, mientras seas fuerte. Tu posición es segura, mientras seas seguro. Tu vida es buena, mientras seas bueno.

Pero, ay de nosotros, es allí donde reside el problema. Según dijo el Maestro: «Ninguno hay bueno» (Mateo 19.17). Tampoco hay ninguno que sea siempre fuerte; ni ninguno que siempre esté seguro.

El cristianismo «hágalo usted mismo» no es de gran aliento para el agobiado y agotado.

La autosantificación aporta poca esperanza para el adicto.

«Esfuérzate un poco más» alienta un poco al abusado.

Llegado cierto punto nos hace falta algo más que buenos consejos; necesitamos ayuda. En cierto momento de este viaje a casa nos damos cuenta de que una propuesta de cincuenta-cincuenta resulta insuficiente. Necesitamos más... más que un regordete mago que nos agradece por haber venido, pero que nos dice que el viaje fue innecesario.

Nos hace falta ayuda. Ayuda desde adentro para afuera. El tipo de ayuda que prometió Jesús. «Y yo rogaré al Padre, y os dará otro Consolador, para que esté con vosotros para siempre: el Espíritu de verdad, al cual el mundo no puede recibir, porque no le ve, ni le conoce; pero vosotros le conocéis, porque mora con vosotros, y estará *en* vosotros» (Juan 14.16-17, énfasis mío).

Observa las palabras finales del versículo. Y al hacerlo, nota el lugar de morada de Dios: «en vosotros».

No cerca de nosotros. No arriba de nosotros. No alrededor de nosotros. Sino en nosotros. En la parte nuestra que ni siquiera conocemos. En el corazón que ningún otro ha visto. En los recovecos ocultos de nuestro ser mora, no un ángel, no una filosofía, no un genio, sino Dios.

Imagina eso.

Cuando mi hija Jenna tenía seis años de edad, la encontré de pie frente a un espejo de cuerpo entero. Estaba mirando dentro de su garganta. Le pregunté qué hacía y me contestó: «Estoy tratando de ver si Dios está en mi corazón».

Me reí y giré, y luego alcancé a escuchar que le preguntaba: «¿Estás allí adentro?» Cuando no obtuvo respuesta, se impacientó y habló por Él. Con la voz más grave que pudiera lograr una niña de seis años, dijo: «Sí».

Ella formula la pregunta correcta. «¿Estás allí adentro?» ¿Será que lo que dicen es cierto? ¿No bastó que aparecieras en una zarza o que morases en el templo? ¿No bastó que te convirtieses en carne humana y caminases sobre la tierra? ¿No bastó que dejases tu palabra y la promesa de tu regreso? ¿Era necesario que fueses aún más lejos? ¿Debiste establecer tu morada en nosotros?

«¿O ignoráis», escribió Pablo, «que vuestro cuerpo es templo del Espíritu Santo?» (1 Corintios 6.19).

Tal vez no lo sabías. Quizás no sabías que Dios llegaría a tanto para asegurar tu llegada a casa. Si ese no es tu caso, gracias por permitir que te lo recordase.

El mago dice mira dentro de ti y encuentra tu yo. Dios dice mira dentro de ti y encuentra a Dios. Lo primero te llevará a Kansas.

Lo último te llevará al cielo.

Escoge cuál ha de ser.

CAPÍTULO DIECINUEVE

Un trabajo interno

LA PINTURA EN AEROSOL no corrige el óxido.

Una curita no quitará un tumor.

Cera aplicada al capó no curará la tos de un motor.

Si el problema está en el interior, deberás entrar allí.

Aprendí eso esta mañana. Rodé fuera de la cama temprano... muy temprano. Tan temprano que Denalyn intentó convencerme de que no fuera a la oficina. «Es media noche», murmuró. «¿Y si un ladrón intenta forzar la entrada?»

Pero yo había estado de vacaciones durante un par de semanas y me sentía descansado. Mi nivel de energía tenía una altura similar a al montón de cosas que hacer sobre mi escritorio, así que conduje hasta la iglesia.

Debo confesar que las calles vacías se veían un tanto atemorizantes. Y hubo un intento de forzar la entrada a la oficina unas semanas atrás. De modo que decidí ser cuidadoso. Entré al complejo donde se encontraba la oficina, desactivé la alarma y la volví a activar para que sonara si alguno intentase entrar.

Brillante, pensé.

Había estado sentado a mi escritorio sólo unos segundos cuando las sirenas chillaron. *¡Alguien intenta entrar!* Corrí por el pasillo hasta la alarma, la apagué, volví corriendo hasta mi oficina y marqué el 911.[1] Luego de colgar el receptor, se me ocurrió que los ladrones podrían entrar antes de la llegada de la policía. Volví a cruzar el pasillo a la carrera y activé de nuevo el sistema.

«No me atraparán», murmuré desafiante al marcar el código.

Cuando giré para regresar a la oficina, las sirenas volvieron a sonar. Desactivé la alarma y la reactivé. Podía imaginarme esos ladrones frustrados corriendo hasta las sombras cada vez que detonaba la alarma.

Caminé hasta una ventana para ver si llegaba la policía. Cuando lo hice, la alarma sonó por tercera vez. *Espero que la policía llegue pronto*, pensé al volver a desactivar y activar la alarma.

Me dirigía otra vez a mi oficina cuando, así como lo cuento, la alarma sonó otra vez. La desactivé e hice una pausa. *Un momento; este sistema de alarma debe estar descompuesto.*

Volví a mi oficina para llamar a la compañía de alarmas. *Qué suerte la mía*, pensé al discar, *de todas, tenía que ser esta la noche que se descompusiese el sistema de alarma.*

—Nuestro sistema de alarma detona a cada rato —le dije al hombre que contestó—. O tenemos unos ladrones decididos o un mal funcionamiento.

Disgustado, tamborileé mis dedos sobre mi escritorio mientras él buscaba nuestra cuenta.

—Es posible que haya otra opción —aportó él.

—¿Qué más?

—¿Sabía usted que su edificio está equipado con detector de movimientos?

Ay, ay, ay.

---

1. N. del T. Este es el número para emergencias en los EE.UU.

En ese instante vi las luces del automóvil policial. Salí.

—Emm, creo que el problema es interno, no externo —les comuniqué.

Tuvieron la amabilidad de no pedir detalles y yo estaba demasiado avergonzado para aportarlos. Pero sí aprendí una lección: *No se puede corregir un problema interno desde afuera.*

Pasé una hora ocultándome de ladrones inexistentes, culpando a un sistema que no había fallado y solicitando ayuda que no precisaba. Pensé que el problema estaba allá afuera. Siempre estuvo aquí adentro.

¿Soy el único que alguna vez hace eso? ¿Soy el único que culpa de un problema interno a una fuente externa?

Las alarmas suenan en tu mundo también. Quizás no con campanas y cornetas, pero con problemas y dolor. Su propósito es el de señalar el peligro inminente. Una rabieta es una roja bengala. La deuda descontrolada es una luz intermitente. Una conciencia culpable es una señal de advertencia que indica turbación interna. Relaciones heladas son carteles de anuncio que comunican cosas que van desde la negligencia al abuso.

Tienes alarmas en tu vida. ¿Cómo respondes cuando suenan? Sé sincero. ¿No ha habido alguna vez que fuiste afuera buscando una solución cuando debieras haberte dirigido adentro?

¿Alguna vez le echaste la culpa de tu condición a Washington? (Si bajaran las tasas de los impuestos, mi negocio tendría éxito.) ¿Culpaste a tu familia por tu fracaso? (Mamá siempre quiso más a mi hermana.) ¿Acusaste a Dios por causa de tus problemas? (Si Él es Dios, ¿por qué no sana mi matrimonio?) ¿Inculpaste a la iglesia por tu fe frágil? (Esa gente es un montón de hipócritas.)

Me recuerda al golfista a punto de golpear su primera bola del primer hoyo. Balanceó el palo y le erró a la bola. Volvió a hacerlo y otra vez golpeó al aire. Intentó por tercera vez y le dio sólo al aire de nuevo. Frustrado, miró a sus compañeros y emitió su juicio: «Vaya, esta sí que es una pista difícil».

Vaya, es posible que haya tenido razón. La pista quizás fuera difícil. Pero ese no era el problema. Es posible que tú también tengas razón. Tus circunstancias pueden ser desafiantes, pero echar las culpas no es la solución. Tampoco lo es ignorarlas. El cielo sabe que no se apagan las alarmas de la vida pretendiendo que no chillen. Pero el cielo sabe también que es sabio mirar al espejo antes de espiar por la ventana.

Considera la oración de David: «Crea *en* mí, oh Dios, un corazón limpio, y renueva un espíritu recto *dentro* de mí» (Salmo 51.10, énfasis mío).

Lee el consejo de Pablo: «Fija tu atención en Dios. Serás cambiado de *adentro hacia afuera*» (Romanos 12.2, THEMESSAGE [traducción libre del inglés]).

Pero, por sobre todo escucha la explicación de Jesús: «De cierto, de cierto te digo, que el que no naciere de nuevo, no puede ver el reino de Dios» (Juan 3.3).

El cambio verdadero es un trabajo interno. Es posible que logres modificar las cosas por un día o dos con dinero y sistemas, pero el meollo del asunto es y siempre será, el asunto del corazón.

Permíteme aclarar. Nuestro problema es el pecado. No las finanzas. No los presupuestos. No las prisiones atestadas ni los comerciantes de drogas. Nuestro problema es el pecado. Estamos en rebelión contra nuestro Creador. Estamos separados de nuestro Padre. Estamos desconectados de la fuente de la vida. Un nuevo presidente o política no corregirá eso. Sólo Dios puede resolverlo.

Es por eso que la Biblia utiliza términos drásticos como *conversión*, *arrepentimiento*, y *perdido* y *hallado*. La sociedad puede renovar, pero sólo Dios re-crea.

He aquí un ejercicio práctico para poner en marcha esta verdad. La próxima vez que suenen alarmas en tu mundo, pregúntate tres cosas.

1. ¿Hay en mi vida algún pecado sin confesar?

«Mientras no confesé mi pecado, mi cuerpo iba decayendo por mi gemir de todo el día, pues de día y de noche tu mano pesaba sobre mí. Como flor marchita por el calor del verano, así me sentía decaer. Pero te confesé sin reservas mi pecado y mi maldad; decidí confesarte mis pecados, y tú, Señor, los perdonaste» (Salmo 32.3-5, Versión Popular).

Un trabajo interno

(La confesión es contarle a Dios que hiciste lo que Él te vio hacer. Él no tiene tanta necesidad de escucharlo como tú de decirlo. Ya sea demasiado pequeño para mencionarlo o demasiado grande para perdonarlo no te corresponde a ti decidir. Lo que te toca es ser sincero.)

2. ¿Hay en mi mundo algún conflicto sin resolver?

«Si estás presentando tu ofrenda en el altar y allí recuerdas que tu hermano tiene algo contra ti, deja tu ofrenda allí delante del altar. Ve primero y reconcíliate con tu hermano; luego vuelve y presenta tu ofrenda» (Mateo 5.23, NVI).

(Según lo que sé, esta es la única vez que Dios te dice que salgas de la iglesia temprano. Al parecer, prefiere que entregues tu rama de olivo antes que tu diezmo. Si estás adorando y recuerdas que tu mamá está molesta contigo por haberte olvidado de su cumpleaños, levántate del banco y busca un teléfono. Tal vez te perdone; tal vez no. Pero al menos podrás regresar a tu asiento con la conciencia tranquila.)

3. ¿Hay en mi corazón alguna preocupación no rendida al Señor?

«Echando toda vuestra ansiedad sobre Él, porque Él tiene cuidado de vosotros» (1 Pedro 5.7).

(La palabra alemana que se traduce *ansiedad* significa «estrangular». La palabra griega significa «dividir la mente». Ambas son precisas. La ansiedad es una soga al cuello y una distracción de la mente, ninguna de las cuales es propicia para el gozo.)

Las alarmas cumplen un propósito. Señalan un problema. A veces el problema está allá afuera. Con más frecuencia está aquí adentro. De modo que antes de espiar hacia afuera, echa un buen vistazo para adentro.

CAPÍTULO VEINTE

Las buenas noticias de la medianoche

*L*AS NOTICIAS de medianoche constituyen un sedante poco efectivo.

Así me resultó anoche. Lo único que me interesaba saber era el nivel de alergenos en el aire y los resultados del baloncesto. Pero para obtenerlos, debí soportar el monólogo acostumbrado de miseria global. Y anoche el mundo parecía estar peor que de costumbre.

Por lo general no me altera tanto mirar las noticias. No soy del tipo depresivo y fatalista. Me siento tan capaz como el que más de tomar la tragedia humana con una dosis de fe. Pero anoche... verás, el mundo parecía tenebroso.

Tal vez fue debido a los niños asesinados al pasar por un tiroteo... uno era de seis, el otro de diez años.

Tal vez fue por el anuncio alentador de que veintiséis mil puentes en carreteras importantes de Estados Unidos están al borde del colapso.

Nuestro Ministro de Salud, quien se opone al tabaco, desea legalizar las drogas.

Una estrella de rock multimillonaria la acusan de abuso infantil. Un senador lo acusan de seducir asociadas, otro de alterar procedimientos electorales.

Una figura política en ascenso en Rusia se ha ganado el apodo de Hitler.

Conductores automovilísticos armados dan lugar a una nueva calcomanía de parachoques: «Sigue tocando bocina. Estoy recargando».

La deuda nacional es más profunda. Nuestros impuestos son más elevados, el nivel de polen ha subido y los Mavericks de Dallas han perdido su decimoquinto juego consecutivo.

«¡Y así está el mundo esta noche!», anuncia el hombre bien vestido. Me pregunto por qué sonríe.

Al dirigirme a la cama, entro a las habitaciones de mis tres hijas que duermen. Junto a la cama de cada una me detengo y pondero acerca del estado de su futuro. «¿Qué cosa será lo que te espera?», susurro mientras corro su cabello para atrás y acomodo las mantas.

Sus preocupaciones mayores de hoy son pruebas de matemáticas, regalos y fiestas de cumpleaños. Ojalá su mundo permaneciese siempre tan inocente. No será así. Los bosques lanzan sombras sobre cada sendero y los precipicios bordean cada giro. Cada vida tiene su cuota de temor. Mis hijas no son la excepción.

Tampoco los tuyos. Y por más atractivos que te resulten una isla desierta o un monasterio, la reclusión simplemente no es la respuesta para enfrentarse a un mañana atemorizante.

¿Cuál es entonces la respuesta? ¿Hay alguien que tenga la mano sobre el acelerador de este tren, o será que el conductor ha saltado antes de quedar a la vista la curva de la muerte?

Es posible que haya encontrado parte de la respuesta en, aunque parezca increíble, el primer capítulo del Nuevo Testamento. A menudo me ha parecido extraño que Mateo iniciase su libro con una genealogía. Sin duda no es buen periodismo. Una lista de quién engendró a quién no lograría ir más allá de muchos editores.

Pero por otro lado, Mateo no era un periodista y el Espíritu Santo no intentaba captar nuestra atención. Estaba destacando un punto. Dios había prometido que proveería un Mesías por medio de la descendencia de Abraham (Génesis 12.3) y así lo hizo.

«¿Tienes dudas acerca del futuro?», pregunta Mateo. «Échale simplemente un vistazo al pasado». Y con eso abre el cofre de cedro del linaje de Jesús y empieza a sacar los trapos al sol.

Créeme, tú y yo habríamos guardado algunas de estas historias en el ropero. El linaje de Jesús no se parece para nada al pase de lista del Instituto para halos y arpas. Suena más bien a la lista dominical de ocupantes en la cárcel del condado.

Se inicia con Abraham, el padre de la nación, quien más de una vez mintió como Pinocho con el único fin de salvar su cuello (Génesis 12.10-20).

Jacob, el nieto de Abraham, era más tramposo que un experto en naipes de Las Vegas. Engañó a su hermano, le mintió a su padre, fue estafado y luego estafó a su tío (Génesis 27, 29).

Judá, el hijo de Jacob, estaba tan cegado por la testosterona, que alquiló los servicios de una ramera, ¡sin saber que era su nuera! Cuando se enteró de su identidad, amenazó que la haría quemar por prostitución (Génesis 38).

Se hace una mención especial de la madre de Salomón, Betsabé (quien se bañaba en sitios dudosos) y del padre de Salomón, David, el cual observó el baño de Betsabé (2 Samuel 11.2-3).

Rahab era una ramera (Josué 2.1). Rut una extranjera (Rut 1.4).

Manasés forma parte de la lista, aunque obligó a sus hijos a pasar por fuego (2 Reyes 21.6). Su hijo

Amón está en la lista, aun cuando rechazó a Dios (2 Reyes 21.22).

Pareciera que casi la mitad de los reyes eran pillos, otro tanto estafadores y todos excepto un puñado de ellos adoraban a un ídolo o, como si esto fuera poco, a dos ídolos.

Y así se compone la lista de los no tan maravillosos bisabuelos de Jesús. Al parecer el único lazo común entre este grupo era una promesa. Una promesa del cielo de que Dios los usaría para enviar a su Hijo.

¿Por qué usó Dios a esta gente? No era necesario que lo hiciese. Podría haber colocado simplemente al Salvador ante alguna puerta. Habría sido más sencillo de esa manera. ¿Y por qué nos cuenta Dios sus historias? ¿Por qué nos da Dios un testamento completo de faltas y tropiezos de su pueblo?

Simple. Sabía lo que tú y yo vimos en las noticias anoche. Sabía que te agitarías. Sabía que yo me preocuparía. Y quiere que sepamos que cuando el mundo se enloquece, Él permanece en calma.

¿Quieres pruebas? Lee el último nombre de la lista. A pesar de todos los halos torcidos y las cabriolas de mal gusto de su pueblo, el último nombre de la lista es el primero que fue prometido: Jesús.

«José, marido de María, de la cual nació Jesús, llamado el Cristo» (Mateo 1.16).

Punto. No se enumeran más nombres. No hacen falta más. Como si Dios anunciase a un mundo dubitativo: «Ves, lo hice. Tal como prometí que lo haría. El plan tuvo éxito».

La hambruna no lo pudo matar de hambre.

Cuatrocientos años de esclavitud egipcia no lo pudieron oprimir.

Las peregrinaciones por el desierto no lo pudieron perder.

La cautividad babilónica no lo pudo detener.

Los peregrinos con pies enlodados no lo pudieron arruinar.

La promesa del Mesías va enhebrando cuarenta y dos generaciones de piedras en bruto, hasta formar un collar digno del Rey que vino. Tal como prometió.

Y la promesa sigue en pie.

*Las
buenas
noticias
de la
medianoche*

Mas el que persevere hasta el fin, éste será salvo (Mateo 24.13), asegura el hijo de José.

En el mundo tendréis aflicción; pero confiad, yo he vencido al mundo (Juan 16.33).

El conductor no ha abandonado el tren. La guerra nuclear no es una amenaza para Dios. Las economías yo-yo no intimidan a los cielos. Líderes inmorales jamás han descarrilado el plan.

Dios cumple su promesa.

Obsérvalo tú mismo. En el pesebre. Allí está Él.

Obsérvalo tú mismo. En la tumba. Se ha ido.

CAPÍTULO VEINTIUNO

Hábitos saludables

ME AGRADA LA HISTORIA del niño que se cayó de la cama. Cuando su mamá le preguntó lo que había sucedido, contestó: «No lo sé. Supongo que me quedé demasiado cerca del sitio por donde había entrado».

Es fácil hacer lo mismo con nuestra fe. Resulta tentador quedarnos en el sitio preciso por donde entramos y nunca movernos.

Elige un momento del pasado no muy remoto. Un año o dos atrás. Ahora formúlate unas pocas preguntas. ¿Cómo se compara tu vida de oración actual con la de aquel entonces? ¿Y lo que das? ¿Se ha incrementado tanto la cantidad como el gozo? ¿Y qué pasa con tu lealtad hacia la iglesia? ¿Puedes notar que has crecido? ¿Y el estudio bíblico? ¿Estás aprendiendo a aprender?

Creceremos en todo en aquel que es la cabeza, es decir, Cristo. (Efesios 4.15 NVI, énfasis mío)

Dejando a un lado las enseñanzas elementales acerca de Cristo, avancemos hacia la *madurez.* (Hebreos 6.1 NVI, énfasis mío)

Desead, como niños recién nacidos, la leche espiritual no adulterada, para que por ella *crezcáis* para salvación. (1 Pedro 2.2, énfasis mío)

Antes bien, *creced* en la gracia y el conocimiento de nuestro Señor y Salvador Jesucristo. (2 Pedro 3.18, énfasis mío)

El crecimiento es el objetivo del cristiano. La madurez es un requisito. Si un niño dejase de desarrollarse, el padre se preocuparía, ¿verdad? Consultaría a los doctores. Se harían evaluaciones de laboratorio. Cuando se detiene el crecimiento de un niño, algo anda mal.

Cuando un cristiano deja de crecer, hace falta ayuda. Si eres el mismo cristiano que eras unos meses atrás, cuidado. Sería sabio de tu parte hacerte un chequeo. No de tu cuerpo, sino de tu corazón. No físico, sino espiritual.

¿Me permites que te sugiera uno?

A riesgo de sonar como un predicador, lo cual soy, ¿me permites una sugerencia? ¿Por qué no revisas tus hábitos? Aunque haya muchos malos hábitos, también hay muchos buenos. Es más, puedo encontrar cuatro en la Biblia. Adóptalos como actividades regulares y observa lo que sucede.

Primero, el hábito de oración: «Gozosos en la esperanza; sufridos en la tribulación; constantes en la oración» (Romanos 12.12, énfasis mío).

¿Quieres saber cómo profundizar tu vida de oración? Ora. No te prepares para orar. Simplemente ora. No leas acerca de la oración. Simplemente ora. No asistas a discursos acerca de la oración ni participes de charlas referidas a la oración. Simplemente ora.

La postura, el tono y el sitio son asuntos personales. Elige la forma que te dé resultado. Pero no pienses demasiado. Que no te preocupe tanto la envoltura del regalo que nunca llegues a obsequiarlo. Es mejor orar con torpeza que nunca hacerlo.

Y si sientes que sólo debes orar cuando estés inspirado, está bien. Sólo asegúrate de estarlo todos los días.

En segundo lugar, el hábito del estudio: «Aquel que le presta atención a la ley perfecta[...] y adopta el *hábito* de hacerlo así, no es uno que oye y se olvida. Pone en práctica esa ley y obtiene verdadera felicidad» (Santiago 1.25, PHILLIPS [traducción libre del inglés], énfasis mío).

Hábitos saludables

Imagina que estás decidiendo lo que comerás en un restaurante autoservicio. Escoges tu ensalada, eliges tu plato principal, pero cuando llegas a los vegetales, ves una fuente de algo que te revuelve el estómago.

—¡Puaj! ¿Qué es eso? —preguntas señalando.

—Vaya, no quiera saberlo —responde con un poco de vergüenza uno de los que sirven.

—Sí, quiero saberlo.

—Bien, si insiste. Es una fuente de comida premasticada.

—¿Qué?

—Comida premasticada. Algunos prefieren tragar lo que otros ya han masticado.

¿Repulsivo? Ya lo creo que sí. Pero difundido. Más de lo que puedas imaginar. No con la comida del restaurante de autoservicio, sino con la Palabra de Dios.

Tales cristianos tienen buenas intenciones. Escuchan con atención. Pero disciernen poco. Se conforman con tragar lo que se les dice que traguen. Con razón han dejado de crecer.

En tercer lugar, el hábito de dar: «Cada *primer día de la semana* cada uno de vosotros ponga aparte algo, según haya prosperado» (1 Corintios 16.2, énfasis mío).

El dar no es para bien de Dios. Das para tu propio bien. «El propósito de diezmar es para enseñaros a poner siempre a Dios en primer lugar en vuestras vidas» (Deuteronomio 14.23, The Living Bible, [traducción libre del inglés]).

¿De qué modo te enseña el diezmo? Considera el simple acto de escribir un cheque para la ofrenda. Primero anotas la fecha. Allí mismo se te recuerda que eres una criatura limitada por el tiempo y cada posesión que tienes se oxidará o se quemará. Lo mejor es darlo mientras puedas.

Luego escribes el nombre de aquel al que entregarás el dinero. Si el banco lo pagara, escribirías *Dios*. Pero no lo harían, así que haces figurar el nombre de la iglesia o grupo que se ha ganado tu confianza.

A continuación se anota el monto. Ahhh, el momento de la verdad. Eres más que una persona con chequera. Eres David, que coloca una piedra en la honda. Eres Pedro, con un pie sobre el bote, el otro sobre el lago. Eres un pequeño niño en una gran multitud. Un almuerzo de picnic es lo único que precisa el Maestro, pero es todo lo que tienes.

¿Qué harás?

¿Lanzarás la piedra?

¿Darás el paso?

¿Entregarás la comida?

Con cuidado, no te muevas con demasiada rapidez. No estás escribiendo una simple cantidad... estás haciendo una declaración. Una declaración que dice que al fin y al cabo todo le pertenece a Dios.

Y luego el renglón ubicado en el sector inferior izquierdo donde se especifica para qué es el cheque. Difícil saber qué poner. Es para cuentas de electricidad y literatura. Un poco para extensión del evangelio. Un poco para salario.

Aun mejor, es un pago parcial por lo que la iglesia ha hecho para ayudarte en la crianza de tu familia... a mantener en orden tus prioridades... a sintonizarte a su presencia.

O, quizás, lo mejor de todo, es para ti. Pues aunque el regalo es para Dios, el beneficio es para ti. Es el momento indicado para que cortes otro filamento de la soga de la tierra para que cuando Él regrese no estés atado.

Y por último, el hábito de la comunión con otros: «No abandonemos el *hábito* de reunirnos, como hacen algunos. En cambio animémonos unos a otros» (Hebreos 10.25, TEV [traducción libre del inglés], énfasis mío).

Escribo este capítulo un sábado por la mañana en Boston. Vine aquí como orador a una conferencia. Luego de cumplir con mi compromiso anoche, hice algo muy espiritual: Asistí a un juego de baloncesto de los Boston Celtics. No lo pude resistir. Boston Gardens es un estadio que había deseado conocer desde mi niñez. Además Boston jugaba contra mi equipo preferido: los San Antonio Spurs.

Al ocupar mi asiento, se me ocurrió que tal vez era el único simpatizante de los Spurs presente en esa multitud. Sería sabio mantenerme en silencio. Pero eso era difícil de hacer. Me contuve por unos pocos minutos, pero nada más. Al finalizar el primer cuarto estaba dejando escapar solitarios gritos de júbilo cada vez que los Spurs anotaban un tanto.

La gente estaba empezando a darse vuelta y mirar. Es un asunto arriesgado, esta rutina de la voz en el desierto.

Fue en ese momento que noté que tenía un amigo del otro lado del pasillo. Él, también, aplaudía a los Spurs. Cuando yo aplaudía, él también. Tenía un compañero. Nos alentamos el uno al otro. Me sentí mejor.

Al finalizar el primer cuarto le hice la señal del dedo pulgar levantado. Me respondió de la misma manera. Sólo era un adolescente. No tenía importancia. Nos unía el lazo más elevado de la camaradería.

Ese es uno de los propósitos de la iglesia. Toda la semana animas al equipo visitante. Aplaudes el éxito de Aquel a quien el mundo se opone. Te pones de pie

145

cuando todos los demás permanecen sentados y te sientas cuando todos se ponen de pie.

En algún momento te hace falta apoyo. Necesitas estar con personas que demuestren su júbilo cuando lo haces tú. Precisas lo que la Biblia denomina *comunión*. Y la necesitas cada semana. Después de todo, sólo puedes aguantar cierto tiempo antes de considerar unirte a la multitud.

❧

Allí están. Cuatro hábitos que vale la pena adoptar. ¿Acaso no resulta agradable saber que algunos hábitos son buenos para ti? Conviértelos en parte de tu día y crece. No cometas el error del niño pequeño. No te quedes demasiado cerca del sitio por donde entraste. Es arriesgado descansar en el borde.

CAPÍTULO VEINTIDÓS

D FW y el Espíritu Santo

EL AEROPUERTO INTERNACIONAL de Dallas-Fort Worth puede ser fatal. No tiene corredores... tiene catacumbas. Los vestíbulos desembocan en laberintos. Se ha sabido de personas que entran al aeropuerto y nunca vuelven a salir.

Los viajeros frecuentes se distinguen fácilmente de los que lo hacen por primera vez. Son los que llevan mochilas, brújulas, cantinas y bastones. Los novatos tienen las caras demacradas, los ojos hundidos y miradas perdidas.

Una de las primeras veces que me tocó atravesar el laberinto fue en un viaje de regreso de Brasil. Había viajado toda la noche y estaba un poco ansioso por lograr efectuar mis conexiones. Detuve a una familia de cinco integrantes y les pregunté dónde podía obtener información. Los padres me miraron como si fuesen los únicos sobrevivientes de un desastre nuclear.

La madre levantó tres dedos y suspiró: «Tres días hemos estado aquí, y todavía no hemos encontrado nuestro vuelo de conexión».

Tragué saliva. El padre me preguntó si le podía dar cinco dólares para comprar una pizza para sus hijos. Le entregué el dinero y me señaló el camino hacia un mapa del aeropuerto.

Él era fácil de hallar; cubría una pared entera. Cuando encontré el cartel que decía «Usted está aquí», empecé a buscar la puerta de salida de mi próximo vuelo. Cuando vi dónde me encontraba en relación con dónde debía estar, volví a tragar saliva. El cruce de los Apalaches habría sido más fácil.

Pero no tenía otra posibilidad. Inspiré profundamente, agarré mi maleta en una mano, mi bolso en la otra y dirigí mi rostro hacia la puerta 6,690.

El piso estaba cubierto de bolsos de viaje descartados por peregrinos agotados. Las personas caían a mi diestra y a mi siniestra. Migrantes de aeropuerto revoloteaban en torno a los bebederos como lo harían en torno a un oasis. Había viajeros que se peleaban por los carritos portaequipajes.

Empecé a preguntarme si lo lograría. A las tres horas de iniciada mi travesía, empezaron a dolerme las rodillas. A las cinco horas mis manos quedaron lastimadas debido al equipaje que llevaba. Cumplidas las siete horas, empecé a sufrir alucinaciones, en las que aparecía el número de puerta de mi vuelo en el horizonte para luego empezar a ondular y desaparecer en cuanto me acercaba a él.

Al cumplirse las diez horas, había descartado mi bolso y llevaba únicamente mi portafolios. Estaba a punto de deshacerme de él cuando escuché voces de júbilo.

Provenían del corredor que estaba más adelante. Las personas gritaban. Algunas corrían.

¿De qué se trataba? ¿Qué podía avivar la esperanza de esta fila de peregrinos desesperanzados? ¿La vista de qué cosa podía fortalecer estas piernas exhaustas? ¿Un hotel? ¿Un restaurante vacío? ¿Un vuelo disponible?

No, era algo mucho mejor. Al dar vuelta en la esquina, lo vi. Mi rostro se iluminó como el cielo nocturno del cuatro de julio.[1] Me quité el pañuelo de la cabeza y me sequé la frente. Enderecé mi espalda. Aceleré mi paso. Mi corazón remontó vuelo. Ahora, sabía que lo lograría.

Pues allí, a la distancia, cubierto de luces bañado en oro, había una estera mecánica para transportar personas.

Una estera mecánica. El camino de ladrillo amarillo del aeropuerto. Es el puente que cruza el Jordán. Es la carrera cuesta abajo del maratonista, el cuarto final para el atleta, el cheque de salario del trabajador, el manuscrito final para el escritor.

La estera mecánica, una senda de descanso progresivo. En cuanto uno está sobre ella no necesita moverse, ¡pero igual se mueve! Y mientras uno recupera el aliento, la cinta te transporta el cuerpo.

Pero también es una senda de movimiento multiplicado. Pues al empezar a caminar sobre ella, cada paso es el doble. El sendero impulsor transforma en dos cada paso que das. Lo que habría llevado horas lleva minutos.

Y cómo cambia tu actitud la estera mecánica. En realidad te hace silbar mientras caminas. La fatiga queda en el olvido. Se acabó el galope. Las tropas de viajeros se saludan entre sí.

Y lo que es más importante, te atreves a volver a creer que alcanzarás tu destino.

Puede ser que haya exagerado este asunto del aeropuerto.

Pero no sería posible jamás exagerar el poder del descubrimiento de fuerzas para la travesía. Lo que descubrí acerca de DFW es lo que tú has descubierto acerca de la vida. Sea cual fuere el medio de transporte,

---

1. N. del T. Día de la independencia de Estados Unidos, en el cual el cielo se ilumina con fuegos artificiales.

la travesía puede volverse agotadora. ¿No sería maravilloso descubrir una estera mecánica para el corazón?

Pablo la encontró. Vaya, no la llamó así. Pero por otro lado, nunca fue a DFW. Lo que sí dijo, sin embargo, es que hay un poder que obra dentro de ti al obrar tú. «A Él anunciamos, exhortando y enseñando a todos con toda sabiduría, a fin de presentarlos a todos perfectos en Cristo. Con este fin trabajo, luchando con la fuerza de Cristo que obra con poder en mí» (Colosenses 1.28-29, NVI).

Observa el objetivo de Pablo, *presentarlos a todos perfectos en Cristo*. Pablo soñaba acerca del día en que cada persona estuviese segura en Cristo. ¿Cuál era su método? *Exhortación y enseñanza*. ¿Sus herramientas? Verbos. Sustantivos. Oraciones. Lecciones. El mismo equipo del que disponemos tú y yo. No ha habido mucho cambio, ¿verdad?

¿Resultaba más fácil en aquel entonces que ahora? No lo creo. Pablo lo llamaba trabajo. *Con este fin trabajó*, escribió. Trabajo significa visitar hogares, enseñar a las personas, preparar clases.

¿Cómo lo hacía? ¿Cuál era la fuente de su fuerza? Trabajaba con *la fuerza de Cristo que obra con poder en mí*.

Al trabajar Pablo, también lo hacía Dios. Mientras trabajaba Pablo, también lo hacía el Padre. Y al trabajar tú, también lo hace el Padre. Cada paso se multiplica. Los dividendos divinos se pagan. Al igual que la estera mecánica, Dios da energía a nuestros esfuerzos. Y al igual que la estera mecánica, Dios nos mueve hacia adelante. E incluso cuando estamos demasiado cansados para caminar, se asegura de que estemos avanzando.

Así que la próxima vez que necesites descansar, hazlo. Él te mantendrá orientado en el sentido correcto. Y la próxima vez que logres avanzar... agradécele. Él es quien aporta el poder.

¿Y la próxima vez que quieras darte por vencido? No lo hagas. Por favor no lo hagas. Dobla en la próxima esquina. Tal vez te sorprenda lo que vas a encontrar allí.

Además, te espera un vuelo al hogar que no querrás perder.

DFW
y el
Espíritu
Santo

CAPÍTULO VEINTITRÉS

El Dios que pelea por ti

HE AQUÍ una gran pregunta. ¿Qué es lo que está haciendo Dios cuando te encuentras en un aprieto? ¿Cuando el bote salvavidas empieza a hacer agua? ¿Cuando se corta la cuerda del paracaídas? ¿Cuando se acaba el último centavo antes de terminar de pagar las cuentas? ¿Cuando la última esperanza parte en el último tren? ¿Qué es lo que está haciendo Dios?

Sé lo que estamos haciendo nosotros. Comiéndonos las uñas como si fuesen mazorcas. Caminando como león enjaulado. Tomando píldoras. Sé lo que hacemos nosotros.

¿Pero qué hace Dios? Gran interrogante. Muy grande. Si Dios está durmiendo, estamos fritos. Si se está riendo, estoy perdido. Si está cruzado de brazos mientras mueve la cabeza, entonces serrucha la rama. Querida, llegó la hora de aterrizar.

¿Qué *es* lo que está haciendo Dios?

Pues bien, decidí investigar esa pregunta. Como soy un investigador astuto, descubrí unos escritos antiguos que tal vez respondan a esta pregunta. Pocos saben esto, es más, nadie lo sabe, de que los periodistas recorrían las tierras de la época del Antiguo Testamento.

Sí, es verdad que en los días de Noé, Abraham y Moisés, los periodistas aparecían con rapidez en escena para registrar el drama de sus días. Y ahora, por primera vez, sus artículos se revelarán.

¿Que cómo los descubrí?, se preguntarán.

Bueno, los descubrí prensados entre las páginas de la revista de la aerolínea en un vuelo que partía de Sheboygan, Wisconsin. Sólo puedo deducir que un arqueólogo valiente los había escondido para protegerse ante el peligro inminente de malvados espías. Nunca sabremos si sobrevivió. Pero sí sabemos lo que descubrió: antiguas entrevistas periodísticas a Moisés y Josafat.

De modo que haciendo una venia ante su valor y sintiendo hambre por la verdad, con orgullo te cuento conversaciones hasta ahora desconocidas con dos hombres que responderán a la pregunta: ¿Qué hace Dios cuando nos encontramos en un aprieto?

La primera entrevista es entre la *Prensa de la Tierra Santa* (PTS) y Moisés.

PTS: Cuéntanos acerca de tu conflicto con los egipcios.

MOISÉS: Ah, los egipcios... gente grande. Fuertes guerreros. Malos como serpientes.

PTS: Pero te escapaste.

MOISÉS: No antes de que fuesen tragados por el agua.

PTS: Te refieres al conflicto del Mar Rojo.

MOISÉS: Así es. Eso fue atemorizante.

PTS: Cuéntanos lo que sucedió.

MOISÉS: Pues verás, el Mar Rojo se encontraba de un lado y los egipcios del otro.

PTS: ¿Así que atacaron?

MOISÉS: ¿Bromeas? ¿Con medio millón de apiladores de piedras? No, mi pueblo tenía demasiado miedo. Deseaba regresar a Egipto.

PTS: ¿Así que les dijiste a todos que retrocediesen?

MOISÉS: ¿Hacia dónde? ¿Hacia el agua? No teníamos bote. No teníamos dónde ir.

PTS: ¿Qué recomendaban tus líderes?

MOISÉS: No les pregunté. No había tiempo.

PTS: ¿Después qué hiciste?

MOISÉS: Le dije a la gente que se quedara quieta.

PTS: ¿Quieres decir que sabiendo que venía el enemigo, le dijiste que no se moviera?

MOISÉS: Sí. Le dije: «Estad firmes, y ved la salvación que Jehová hará hoy con vosotros».

PTS: ¿Por qué querrías que la gente permaneciese firme?

MOISÉS: Para que no estorbasen a Dios. Si uno no sabe qué hacer, lo mejor es quedarse quieto hasta que Él haga lo suyo.

PTS: Esa es una estrategia extraña, ¿no te parece?

MOISÉS: Sí lo es, si se tiene el tamaño adecuado para la batalla. Pero cuando la batalla es más grande que tú, y deseas que Dios se haga cargo, es lo único que puedes hacer.

PTS: ¿Podemos hablar de otra cosa?

MOISÉS: El periódico es tuyo.

PTS: Al poco tiempo del escape de ustedes...

MOISÉS: Nuestra liberación.

PTS: ¿Cuál es la diferencia?

MOISÉS: Existe una gran diferencia. Cuando te escapas, eres *tú* quien lo hace. Cuando te liberan, otra persona lo hace y tú sólo la sigues.

PTS: Bien, a poco de tu liberación, peleaste con los amo... amala... a ver, aquí lo tengo...

MOISÉS: Los amalecitas.

PTS: Sí, los amalecitas.

MOISÉS: Gente grande. Fuertes guerreros. Malos como serpientes.

PTS: Pero ganaste.

MOISÉS: Dios ganó.

El Dios que pelea por ti

PTS: Está bien, Dios ganó, pero tú realizaste el trabajo. Peleaste la batalla. Estuviste en el campo de batalla.

MOISÉS: Estás equivocado.

PTS: ¿Qué? ¿No estabas en la batalla?

MOISÉS: No en esa. Mientras el ejército peleaba, llevé a mis amigos Aarón y Hur a la cima de una colina y peleamos allí arriba.

PTS: ¿Entre vosotros?

MOISÉS: Contra la oscuridad.

PTS: ¿Con espadas?

MOISÉS: No, con oración. Simplemente levanté mis manos a Dios, como hice ante el Mar Rojo, sólo que esta vez olvidé mi vara. Cuando levantaba mis manos, ganábamos, pero cuando las bajaba, perdíamos. Así que les pedí a mis amigos que me sostuviesen los brazos hasta que los amalecitas hubiesen pasado a ser historia y ganamos.

PTS: Aguarda un segundo. ¿Piensas que el pararte sobre una colina con tus manos en alto marcó una diferencia?

MOISÉS: No ve ningún amalecita por aquí, ¿verdad?

PTS: ¿No te parece extraño que el general del ejército se quede sobre una colina mientras los soldados pelean en el valle?

MOISÉS: Si la batalla hubiese sido en el valle allí habría estado, pero no era allí donde se llevaba a cabo la batalla.

PTS: Extraña estrategia la tuya.

MOISÉS: Quieres decir que si tu padre fuese más grande que la persona que te propina una golpiza, ¿no lo llamarías?

PTS: ¿Qué?

MOISÉS: Si algún tipo te tiene en el suelo y te está dando golpes, y tu padre está a una distancia que pueda escucharte y te ha dicho que lo llames siempre que necesites su ayuda, ¿qué harías?

PTS: Llamaría a mi padre.

156

MOISÉS: Eso es lo único que hago. Cuando la batalla es demasiado grande, le pido a Dios que se haga cargo. Llamo al Padre para que pelee por mí.

PTS: ¿Y viene?

MOISÉS: ¿Has visto últimamente algún judío construyendo pirámides?

PTS: A ver si entendí esto bien. Una vez vences al enemigo quedándote quieto y otra ganas la batalla levantando los brazos. ¿De dónde sacaste todo eso?

MOISÉS: Bueno, si te lo dijese, no me creerías.

PTS: Haz la prueba.

MOISÉS: Pues verás, había cierta zarza ardiente y me habló...

PTS: Tal vez tienes razón. Guardemos eso para otro día.

El Dios que pelea por ti

❦

La segunda entrevista nos adelanta un par de siglos en la historia. Aquí encontramos al rey Josafat (RJ) en una entrevista de posguerra con la *Crónica de Jerusalén* (CJ) en el campo de batalla de Sis.

CJ: Felicitaciones, Rey.

RJ: ¿Por qué?

CJ: Acaba de derrotar a tres ejércitos a la misma vez. Derrotó a los moabitas, a los amonitas y a los del monte de Seir.

RJ: Ah, yo no hice eso.

CJ: No sea tan modesto. Díganos lo que piensa con respecto a estos ejércitos.

RJ: Gente grande. Fuertes guerreros. Malos como serpientes.

CJ: ¿Qué sintió al enterarse que se aproximaban?

RJ: Tuve miedo.

CJ: Pero lo controló con bastante calma. Esa sesión de estrategia con sus generales debe haber dado resultado.

RJ: No la tuvimos.

CJ: ¿No tuvieron una reunión ni una estrategia?

RJ: Ninguna de las dos.

CJ: ¿Qué hizo?

RJ: Le pregunté a Dios qué hacer.

CJ: ¿Qué dijo Él?

RJ: Al principio nada, así que hice que algunas personas le hablaran junto conmigo.

CJ: ¿Su gabinete realizó una sesión de oración?

RJ: No, mi nación se puso a ayunar.

CJ: ¿Toda la nación?

RJ: Por lo visto, todos excepto usted.

CJ: Este, bueno, ¿qué le dijo a Dios?

RJ: Bueno, le dijimos a Dios que era el Rey y que aceptábamos cualquier cosa que quisiese hacer, pero que si no le molestaba, nos gustaría su ayuda para resolver un gran problema.

CJ: Y en *ese momento* fue que llevaron a cabo su sesión de estrategia.

RJ: No.

CJ: ¿Qué hicieron?

RJ: Nos paramos delante de Dios.

CJ: ¿Quién?

RJ: Todos nosotros. Los hombres. Las mujeres. Los bebés. Todos quedamos de pie y esperamos.

CJ: ¿Qué hacía el enemigo mientras tanto?

RJ: Se iba acercando.

CJ: ¿Fue en ese momento que animó al pueblo?

RJ: ¿Quién le dijo que animé al pueblo?

CJ: Bueno, simplemente supuse...

RJ: En ningún momento le dije nada al pueblo. Sólo me mantuve atento. Después de un rato un joven de nombre Jahaziel levantó la voz y dijo que el Señor había dicho que no nos desanimásemos ni temiésemos porque la batalla no era nuestra, sino de Él.

CJ: ¿Cómo supo que hablaba de parte de Dios?

RJ: Cuando pasa tanto tiempo como yo hablando con Dios, aprende a reconocer su voz.

CJ: Increíble.

RJ: No, sobrenatural.

CJ: ¿Entonces atacaron?

RJ: No, Jahaziel dijo: «Paraos, estad quietos, y ved la salvación de Jehová con vosotros».

CJ: En alguna parte he oído eso.

RJ: Es de la cosecha de Moisés.

CJ: ¿Entonces atacaron?

RJ: No, entonces cantamos. Es decir, algunos cantaron. No soy muy entonado así que incliné mi rostro y oré. Dejé que los otros cantasen. Tenemos un grupo, los levitas, que verdaderamente saben cantar.

CJ: Un momento. Sabiendo que el ejército se acercaba, ¿cantaron?

RJ: Algunas canciones. Luego le dije al pueblo que fuese fuerte y tuviese fe en Dios y luego marchamos al campo de batalla.

CJ: ¿Y usted dirigió el ejército?

RJ: No, pusimos a los cantantes al frente. Y mientras marchábamos, ellos cantaban. Y mientras cantábamos, Dios ponía emboscadas. Y cuando llegamos al campo de batalla, el enemigo estaba muerto. Eso fue hace tres días. Nos llevó todo ese tiempo limpiar el área. Hoy volvimos para llevar a cabo otra reunión de adoración. Venga aquí, quiero que escuche cómo cantan estos levitas. Le apuesto diez siclos que no puede permanecer sentado cinco minutos.

CJ: Espere. No puedo escribir esta historia. Es demasiado rara. ¿Quién la creerá?

RJ: Simplemente escríbala. Los que tengan problemas que pueden resolver por cuenta propia se reirán. Y los que tengan problemas que sólo pueden resolverse con la ayuda de Dios orarán. Deja que ellos decidan. Vamos. La banda está afinando. No querrá perderse la primera canción

*El
Dios
que
pelea
por ti*

☙

¿Qué te parece entonces? ¿Qué hace Dios cuando nos encontramos en aprietos? Si Moisés y Josafat nos sirven de ilustración alguna, esa pregunta puede responderse con una palabra: *pelea*. Él pelea por nosotros. Entra al cuadrilátero, nos dirige a nuestra esquina y se hace cargo. «Jehová peleará por vosotros, y vosotros estaréis tranquilos» (Éxodo 14.14).

A Él le corresponde pelear. A nosotros nos corresponde confiar.

Sólo confiar. No dirigir. No cuestionar. No arrebatarle el volante de las manos. Nos corresponde orar y esperar. No hace falta nada más. No se necesita nada más.

«No caeré, porque Él es mi refugio» (Salmo 62.6, Versión Popular).

De paso, ¿fue impresión mía o es que detecté unas risitas cuando anuncié mi descubrimiento arqueológico?

Algunos no me creyeron, ¿verdad?

Vaya, vaya, vaya... Sólo por eso tendrás que esperar hasta el siguiente libro para contarte acerca del diario de Jonás que encontré en una tienda de libros usados en Wink, Texas. Adentro todavía tiene algunas tripas de ballena.

Y tú pensabas que bromeaba.[1]

---

1. Véanse Éxodo 14.5-31; 8—15 y 2 Crónicas 20.

PARTE TRES

El huésped
del Maestro

o que sucede cuando un perro interrumpe un concierto. Ven conmigo a una noche de primavera en Lawrence, Kansas, para que lo sepas.

Ocupa tu asiento en el Auditorio Hoch y contempla la orquesta Leipzig Gewandhaus... la orquesta de mayor tiempo de existencia ininterrumpida del mundo. Los compositores y directores más grandes de la historia han dirigido a esta orquesta. Ya actuaba en la época de Beethoven (algunos de los músicos se han reemplazado).

Miras mientras europeos elegantemente vestidos ocupan sus asientos en el escenario. Escuchas mientras profesionales afinan con cuidado sus instrumentos. La percusionista acerca su oído al tambor. Un violinista pellizca la cuerda de nylon. Un clarinetista ajusta la caña. Y te enderezas en tu asiento mientras las luces se atenúan y se detiene la afinación. La música está a punto de comenzar.

El director, vestido de frac, dando grandes pasos sube al escenario, salta al podio y con un gesto le pide a la orquesta que se ponga de pie. Tú y dos mil más aplauden. Los músicos ocupan sus asientos, el maestro toma su posición y el público contiene el aliento.

Hay un segundo de silencio entre el relámpago y el trueno. Y hay un segundo de silencio entre el momento que se levanta la batuta y la explosión de la música. Pero cuando cae se abren los cielos y uno queda empapado en el chaparrón de la tercera sinfonía de Beethoven.

Tal era el poder de esa noche de primavera en Lawrence, Kansas. Calurosa noche de primavera en Lawrence, Kansas. Menciono la temperatura para que comprendan el porqué las puertas estaban abiertas. Hacía calor. El Auditorio Hoch, un edificio histórico, no tenía aire acondicionado. Combine los brillantes reflectores con la vestimenta formal y la música furiosa, y el resultado es una orquesta caldeada. Las puertas exteriores a ambos lados del escenario fueron dejadas abiertas por si acaso hubiese una brisa.

Entra en escena, desde la derecha, un perro. Un perro oscuro, común en Kansas. No es un perro malo. No es un perro rabioso. Sólo es un perro curioso. Pasa entre los contrabajos y se abre camino entre los segundos violines y los violonchelos. Su cola se mueve al ritmo de la música. Al pasar el perro entre los músicos, lo miran, se miran unos a otros y pasan al siguiente compás.

El perro queda prendado de cierto violonchelo. Quizás sea por el arco que pasa en forma lateral. Tal vez la vista de las cuerdas a su nivel. Sea lo que fuere, captó la atención del perro y se quedó a mirar. El violonchelista no estaba seguro de qué hacer. Nunca antes había tocado para un público canino. Y las escuelas de música no enseñan el efecto que puede tener la baba de perro sobre la laca de un violonchelo Guarneri del siglo dieciséis. Pero el perro no hizo más que mirar durante un momento y luego siguió caminando.

Si hubiese pasado entre la orquesta para luego seguir su camino, es posible que la música hubiese continuado. Si hubiese cruzado el escenario hasta las manos gesticulantes del ayudante de escena, es posible que el público nunca lo hubiese notado. Pero no se fue. Se quedó. A gusto en medio del esplendor. Paseando por el prado de la música.

Visitó los instrumentos de viento, giró su cabeza ante las trompetas, se paró entre los flautistas y se detuvo al lado del director. Y la tercera sinfonía de Beethoven se desarmó.

Los músicos se rieron. El público se rió. El perro levantó el hocico hacia el director y jadeó. Y el director bajó su batuta.

La orquesta más histórica del mundo. Una de las piezas musicales más conmovedoras que jamás haya sido compuesta. Una noche envuelta en gloria, todo detenido por un perro vagabundo.

Las risitas se detuvieron al darse vuelta el director. ¿Cuánta furia podría estallar? El público se aquietó al enfrentarlo el maestro. ¿Qué fusible había detonado? El pulido director alemán miró a la multitud, miró hacia abajo al perro, luego volvió a mirar al público, levantó sus manos en un gesto universal y... se encogió de hombros.

Cuando Dios susurra tu nombre

Todos estallaron en carcajadas.

Se bajó del podio y rascó al perro detrás de las orejas. Volvió a menear la cola. El maestro le habló al perro. Le habló en alemán, pero el perro parecía entender. Los dos se hicieron compañía por espacio de unos pocos segundos antes de que el maestro tomase a su nuevo amigo por el collar y lo condujese fuera del escenario. Se habría pensado que el perro era Pavarotti por la forma de aplaudir de la gente. El director regresó, la música empezó y Beethoven no pareció sufrir a causa de la experiencia.[1]

¿Puedes descubrir dónde estamos tú y yo en este cuadro?

Yo sí. Simplemente llámanos Fido. Y considera a Dios como el Maestro.

Imagina el momento cuando subiremos a su escenario. No lo mereceremos. No nos lo habremos ganado. Hasta es posible que sorprendamos a los músicos con nuestra presencia.

La música no se parecerá a ninguna que hayamos escuchado anteriormente. Pasearemos entre los ánge-

---

1. Con aprecio para Erik Ketcherside por haberme contado esta historia.

les y escucharemos mientras cantan. Contemplaremos las luces del cielo y se nos cortará el aliento ante su brillo. Y caminaremos al lado del Maestro, nos pararemos a su lado y adoraremos mientras Él dirige.

Estos capítulos finales nos recuerdan de ese momento. Nos desafían a ver lo que no se ve y a vivir para ese acontecimiento. Nos invitan a afinar nuestros oídos con la canción de los cielos y a anhelar... anhelar ese momento cuando estaremos al lado del Maestro.

Él, también, dará la bienvenida. Y Él, también, hablará. Pero no nos hará alejar de Él. Nos invitará a permanecer para siempre como huéspedes sobre su escenario.

CAPÍTULO VEINTICUATRO

El don de la desdicha

$\mathcal{D}$ENTRO DE TI, en la profundidad de tu ser, mora una pequeña alondra. Escucha. La oirás cantar. Su aria lamenta la puesta del sol. Su solo indica la llegada del amanecer.

Es la canción de la alondra.

No callará hasta ver el sol.

Nos olvidamos de su presencia, es tan fácil de ignorar. Otros animales del corazón son de mayor tamaño, más ruidosos, más exigentes, más imponentes.

Pero ninguno es tan constante.

Otras criaturas del alma pueden alimentarse con mayor facilidad. Quedan satisfechas con más rapidez. Alimentamos al león que gruñe por poder. Acariciamos al tigre que exige afecto. Domamos al potro que se resiste al control.

¿Pero qué hacemos con la alondra que anhela la eternidad?

Porque de eso se trata su canción. Esa es su tarea. Desde el gris canta una melodía dorada. Encaramada en el tiempo trina un verso que el tiempo no limita. Asomándose por la mortaja del dolor, vislumbra un sitio donde el dolor no existe. Acerca de ese lugar canta.

Y aunque tratemos de ignorarla, no lo logramos. Nosotros somos esa ave y su canción nos pertenece. Nuestra canción del corazón no será acallada hasta que veamos el amanecer.

Cuando Dios susurra tu nombre

«Dios ha plantado a la eternidad en el corazón de los hombres» (Eclesiastés 3.10, Versión Popular), dice el hombre sabio. Pero no hace falta un sabio para saber que los anhelos de la gente van más allá de la tierra. Cuando vemos dolor, anhelamos. Cuando vemos hambre, nos preguntamos el porqué. Muertes sin sentido. Lágrimas interminables, pérdidas innecesarias. ¿De dónde vienen? ¿Hacia dónde conducirán?

¿Acaso la vida no va más allá de la muerte?

Y así canta la alondra.

Intentamos silenciar esta terrible y pequeña voz. Como un padre que calla a su hijo, colocamos un dedo sobre labios fruncidos y solicitamos silencio. *Ahora estoy demasiado ocupado para hablar. Estoy demasiado ocupado para pensar. Estoy demasiado ocupado para preguntar.*

Y así nos dedicamos a la tarea de mantenernos ocupados.

Pero a veces escuchamos este canto. Y de vez en cuando permitimos que la canción nos susurre que hay algo más. *Debe* haber algo más.

Y mientras escuchamos la canción, sentimos consuelo. Mientras estemos inconformes, buscaremos. Mientras sepamos que existe un país distante, seguiremos abrigando esperanza.

He llegado a comprender que el único desastre fundamental que nos puede acontecer, es el de sentir que estamos en casa aquí sobre la tierra. Mientras seamos extranjeros, no olvidaremos nuestra verdadera patria.[2]

---

2. Agustín, *Confesiones I.i,* según cita de Peter Kreeft, *Heaven: The Heart's Deepest Longing* [El cielo: El anhelo más profundo del alma], Ignatius Press, San Francisco, 1989, p. 49. La inspiración

La desdicha sobre la tierra cultiva el hambre del cielo. Al producir en nosotros una profunda insatisfacción, Dios capta nuestra atención. La única tragedia, entonces, es sentir satisfacción prematura. Conformarse con la tierra. Sentirse a gusto en tierra extraña. Contraer enlace con los babilonios y olvidarse de Jerusalén.

No somos felices aquí porque este no es nuestro hogar. No somos felices aquí porque no se supone que seamos felices en este lugar. Somos «como extranjeros y forasteros en este mundo» (1 Pedro 2.11, NVI).

Toma un pez y ponlo sobre la playa.[3] Observa cómo sus branquias se convulsionan y se le secan las escamas. ¿Está feliz? ¡No! ¿Cómo se puede lograr su felicidad? ¿Cubriéndolo con una montaña de dinero en efectivo? ¿Consiguiéndole una silla playera y un par de anteojos para sol? ¿Trayéndole una revista *Playfish* y un martini? ¿Vistiéndolo de aletas cruzadas y zapatos de piel de hombre?

Por supuesto que no. Entonces, ¿cómo se logra que sea feliz? Se vuelve a colocar en su elemento. Se lleva otra vez al agua. Nunca será feliz en la playa, simplemente porque no fue hecho para estar allí.

Y nunca serás feliz del todo sobre la tierra simplemente porque no fuiste hecho para la tierra. Ah sí, tendrás tus momentos de gozo. Podrás vislumbrar momentos de luz. Conocerás momentos o hasta días de paz. Pero no son comparables con la felicidad que se encuentra más adelante.

Tú nos has hecho para ti y nuestros corazones están inquietos hasta poder descansar en ti.[4]

---

para esta composición acerca de la alondra se ha extraído de la descripción hecha por Kreeft sobre «The Nightingale in the Heart» [El ruiseñor en el corazón], pp. 51-54.

3. Con aprecio para Landon Saunders por esta idea.

4. Malcolm Muggeridge, *Jesus Rediscovered* [Jesús redescubierto], Doubleday, NY, 1979, pp. 47-48 según cita de Peter Kreeft, *Heaven* [El cielo], p. 63.

El descanso en esta tierra es un descanso falso. Cuídate de quienes te insten a encontrar aquí la felicidad; no la encontrarás. Guárdate de los falsos médicos que prometen que sólo hace falta una dieta, un matrimonio, un trabajo o una transferencia para encontrar gozo. El profeta denunciaba a gente como esa: «Tratan por encima las heridas de mi pueblo; dicen que todo está bien, cuando todo está tan mal» (Jeremías 6.14, Versión Popular).

Y nada estará bien hasta llegar al hogar.

Repito, vivimos algunos momentos especiales. El recién nacido sobre nuestro pecho, la novia de nuestro brazo, el sol sobre nuestras espaldas. Pero incluso esos momentos son apenas atisbos de luz que atraviesan la ventana del cielo. Dios flirtea con nosotros. Nos tienta. Nos corteja. Esos momentos son los aperitivos del plato que ha de venir.

«Cosas que ojo no vio, ni oído oyó, ni han subido en corazón de hombre, son las que Dios ha preparado para los que le aman» (1 Corintios 2.9).

¡Qué versículo impactante! ¿Te das cuenta de lo que dice? *El cielo supera nuestra imaginación*. No podemos imaginarlo. Aunque estemos en nuestro momento más creativo, nuestra reflexión más profunda, nuestro nivel más alto, aun así no podemos sondear la eternidad.

Intenta esto. Imagínate un mundo perfecto. Sea lo que fuere que signifique eso para ti, imagínalo. ¿Significa paz? Entonces elabora una visión de absoluta tranquilidad. ¿Un mundo perfecto implica gozo? Entonces imagina tu felicidad más elevada. ¿Un mundo perfecto tendrá amor? De ser así, hazte un cuadro mental de un sitio donde el amor no tenga límites. Sea lo que fuere que signifique el cielo para ti, imagínatelo. Fíjalo firmemente en tu mente. Deléitate en eso. Sueña acerca del mismo. Añóralo.

Y luego sonríe cuando el Padre te recuerde que: *Cosas que ojo no vio, ni oído oyó, ni han subido en corazón de hombre, son las que Dios ha preparado para los que le aman.*

Cualquier cosa que te imagines se queda corta. Cualquier cosa que se imagine cualquiera se queda corta. Nadie se ha aproximado siquiera. Nadie. Piensa en todas las canciones que hablan del cielo. Todas las interpretaciones de los artistas. Todas las lecciones predicadas, las poesías escritas y los borradores de capítulos.

Cuando se trata de describir el cielo, todos somos felices fracasos.

Está más allá de nosotros.

Pero también está dentro de nosotros. El canto de la alondra. Que cante. Que cante en la oscuridad. Que cante al amanecer. Que su canto te recuerde que no fuiste creado para este lugar y que hay un lugar creado para ti.

Pero hasta entonces, sé realista. Baja tus expectativas con respecto a la tierra. Esto no es el cielo, así que no esperes que lo sea. Nunca habrá un noticiero sin malas noticias. Nunca habrá una iglesia sin chismes ni competencia. Nunca habrá un auto nuevo, una nueva esposa o un nuevo bebé que pueda darte el gozo que anhela tu corazón. Sólo Dios puede hacerlo.

Y Dios lo hará. Sé paciente. Y presta atención. Atención al canto de la alondra.

CAPÍTULO VEINTICINCO

Cómo ver a Dios

$\mathcal{U}$NO DE LOS RECUERDOS más gratos de mi infancia es el saludo que le daba a mi padre al volver del trabajo.

Mi madre, que trabajaba en el turno vespertino en el hospital, se iba de casa a las tres de la tarde. Papá llegaba a las tres y media. Mi hermano y yo quedábamos solos durante esa media hora con instrucciones estrictas de no salir de casa hasta que llegase papá.

Ocupábamos nuestros puestos en el sofá y mirábamos dibujos animados, siempre manteniendo un oído atento a la entrada del automóvil. Incluso el mejor «Pato Lucas» se abandonaba cuando escuchábamos su auto.

Puedo recordar cómo salía corriendo a encontrarme con papá y él me levantaba en sus grandes (y a menudo transpirados) brazos. Al llevarme hacia la casa, colocaba sobre mi cabeza su sombrero de paja de ala ancha y por un momento me convertía en vaquero. Nos sentábamos en el zaguán mientras él se quitaba sus engrasadas botas de trabajo (nunca se permitía entrar con ellas en casa). Cuando se las quitaba, yo me los ponía, y por un momento me convertía arriero. Luego entrábamos y abría el recipiente donde llevaba su almuerzo. Cualquier bocadillo que le quedaba, y casi siempre parecía quedarle algo, era para que compartiésemos mi hermano y yo.

Era fabuloso. Botas, sombreros y bocadillos. ¿Qué más podría desear un niño de cinco años?

Pero supongamos por un minuto que eso fuese lo único que recibiese. Supongamos que mi papá, en lugar de venir a casa, simplemente enviase algunas cosas de regreso. Botas para que juegue en ellas. Un sombrero para que me ponga. Bocadillos para que coma.

¿Sería eso suficiente? Tal vez sí, pero no por mucho tiempo. En poco tiempo los regalos perderían su encanto. En poco tiempo, o tal vez inmediatamente, preguntaría: «¿Dónde está papá?»

O considera algo peor. Supón que me llamase y dijese: «Max, ya no regresaré más a casa. Pero te enviaré mis botas y sombrero, y cada tarde podrás jugar con ellos».

No hay trato. Eso no daría resultado. Hasta un niño de cinco años sabe que es la persona, no los regalos, lo que hace que una reunión sea especial. No es por las guarniciones; es por el padre.

Imagina que Dios nos haga una oferta similar.

Te daré cualquier cosa que desees. Lo que sea. Amor perfecto. Paz eterna. Nunca tendrás temor ni estarás solo. No entrará confusión a tu mente. No entrarán la ansiedad ni el aburrimiento a tu corazón. Nunca tendrás necesidad de nada.

No habrá pecado. Ni culpa. Ni reglas. Ni expectativas. Ni fracaso. Nunca sentirás soledad. Nunca tendrás dolor. Nunca morirás.

Sólo que nunca me verás el rostro.[1]

¿Querrías eso? Tampoco yo. No es suficiente. ¿Quién quiere el cielo sin Dios? El cielo no es cielo sin Dios.

1. Con reconocimiento hacia Agustín, *Ennarationes in Psalmos*, 127.9, según cita de Peter Kreeft, *Heaven* [El cielo], p. 49.

Una eternidad indolora e inmortal sería agradable, pero inadecuada. Un mundo inyectado de esplendor nos impactaría, pero eso no es lo que buscamos. Lo que queremos es a Dios. Queremos a Dios más de lo que sabemos. No es que los adicionales carezcan de atractivo. Simplemente no son suficiente. No es que seamos codiciosos. Sencillamente es que le pertenecemos y, San Agustín tenía razón, nuestros corazones están inquietos hasta poder descansar en Él.

En seguida que lo encontremos estaremos satisfechos. Moisés te lo puede decir.

Recibió más de Dios que cualquier otro hombre de la Biblia. Dios le habló en una zarza. Dios lo guió con fuego. Dios maravilló a Moisés con las plagas. Y cuando Dios se enojó con los israelitas alejándose de ellos, se quedó cerca de Moisés. Le hablaba a Moisés «como habla cualquiera a su compañero» (Éxodo 33.11). Moisés conocía a Dios como ningún otro hombre.

Pero eso no era suficiente. Moisés anhelaba más. Moisés anhelaba ver a Dios. Hasta tuvo la osadía de pedirle: «Te ruego que me muestres tu gloria» (Éxodo 33.18).

Un sombrero y un bocadillo no bastaban. Un pilar de fuego y el maná de la mañana eran insuficientes. Moisés deseaba ver a Dios mismo.

¿Acaso no lo deseamos todos?

¿No es por eso que anhelamos el cielo? Es posible que hablemos de un sitio donde no haya lágrimas ni muerte ni temor ni noche; pero esas cosas sólo son los beneficios del cielo. La belleza del cielo es ver a Dios. El cielo es el corazón de Dios.

Y nuestro corazón tendrá paz cuando lo veamos a Él. «En cuanto a mí, veré tu rostro en justicia; estaré satisfecho cuando despierte a tu semejanza» (Salmo 17.15).

¿Satisfechos? Ciertamente no lo estamos. No estamos satisfechos.

Nos alejamos de la mesa de ocasión festiva y palmeamos nuestras barrigas abultadas. «Estoy satisfecho», declaramos. Pero unas horas después nos verás, de vuelta en la cocina quitándole la carne de los huesos.

Nos despertamos tras un buen descanso nocturno y saltamos de la cama. No podríamos volver a dormirnos aunque alguno nos pagase por ello. Estamos satisfechos... por un rato. Pero después de unas doce horas podrás ver que arrastrándonos volvemos a meternos entre las sábanas.

Nos tomamos unas vacaciones como ninguna otra. Durante años planificamos. Durante años ahorramos. Y allá vamos. Nos saturamos de sol, diversión y buena comida. Pero ni siquiera hemos iniciado el camino de regreso cuando comenzamos a sufrir por la finalización del viaje e iniciamos la planificación de otro.

No estamos satisfechos.

De niños decimos: «Si tan solo fuese un adolescente». Siendo adolescentes decimos: «Si tan solo fuese un adulto». Siendo adultos: «Si tan solo estuviese casado». Después de casado: «Si tan solo tuviese hijos». Cuando somos padres: «Si tan solo los chicos fuesen adultos». En una casa vacía: «Si tan solo visitasen los hijos». Cuando llegamos a ser jubilados sentados en una mecedora con las articulaciones endurecidas y la vista disminuida: «Si tan solo pudiese volver a ser niño».

No estamos satisfechos. El contentamiento es una virtud difícil de lograr. ¿Por qué?

Porque no hay nada en la tierra que pueda satisfacer nuestro más profundo anhelo. Anhelamos ver a Dios. Las hojas de la vida se sacuden con el rumor de que sí lo veremos... y no estaremos satisfechos hasta que esto suceda.

No podemos estar satisfechos. No porque seamos codiciosos, sino porque tenemos hambre de algo que no se encuentra en esta tierra. Sólo Dios puede satisfacer.

Felipe tenía razón cuando dijo: «Señor, muéstranos el Padre, y nos basta» (Juan 14.8).

¡Ay de nosotros!, es allí donde reside el problema: «No puedes ver mi rostro», le dijo Dios a Moisés, «porque nadie puede verme y vivir» (Éxodo 33.20, Biblia de las Américas).

Los Hasids del siglo dieciocho comprendían el riesgo de ver a Dios. El Rabí Uri lloraba cada mañana al dejar su casa para ir a orar. Llamaba a sus hijos y a su esposa a su lado y lloraba como si nunca los volviese a ver. Cuando le preguntaban por qué, les respondía de esta manera: «Cuando comienzo mis oraciones clamo al Señor. Luego oro diciendo: "Señor ten misericordia de nosotros". ¿Quién sabe lo que pueda hacerme el poder del Señor en ese momento después de haberlo invocado y antes de rogar pidiéndole misericordia?»[2]

De acuerdo con la leyenda, el primer indio norteamericano que vio el Gran Cañón se ató a un árbol por terror. De acuerdo con las Escrituras, cualquier hombre que ha tenido el privilegio de una miradita a Dios ha sentido lo mismo.

Puro terror. ¿Recuerdas las palabras de Isaías luego de su visión de Dios? «¡Ay de mí! que soy muerto; porque siendo hombre inmundo de labios, y habitando en medio de pueblo que tiene labios inmundos, han visto mis ojos al Rey, Jehová de los ejércitos» (Isaías 6.5).

Al ver a Dios, Isaías quedó aterrado. ¿Por qué tal temor? ¿Por qué temblaba tanto? Porque era cera delante del sol. Una vela en un huracán. Un pececito en las cataratas del Niágara. La gloria de Dios era demasiado grande. Su pureza demasiado genuina. Su poder demasiado imponente.

La santidad de Dios ilumina la pecaminosidad del hombre.

---

2. Annie Dillard, *The Writing Life* [La vida escrita], Harper and Row, NY, 1989, p. 9.

Para comprenderlo, imaginemos que estás en un teatro. Nunca antes has asistido a uno y sientes curiosidad. Te metes detrás del escenario, miras las luces, juegas con el telón y examinas los elementos de utilería. Luego ves un camerino.

Entras y te sientas a la mesa. Miras hacia el gran espejo sobre la pared. Lo que ves es lo que siempre ves al mirar tu reflexión. Ninguna sorpresa. Luego notas que el espejo está rodeado de focos. Hay un interruptor en la pared. Lo enciendes.

Una docena de luces te ilumina el rostro. De repente ves lo que no habías visto. Manchas. Arrugas. Cada lunar y cada marca quedan resaltados. La luz ha iluminado tus imperfecciones.

Eso es lo que le sucedió a Isaías. Cuando vio a Dios, no suspiró de admiración. No aplaudió en señal de apreciación. Se echó para atrás horrorizado, clamando: «¡Soy impuro y mi pueblo también es impuro!»

La santidad de Dios resalta nuestros pecados.

Escucha las palabras de otro profeta. «He aquí que viene con las nubes, y todo ojo le verá, y los que le traspasaron; y todos los linajes de la tierra harán lamentación *[a viva voz]* por Él. Sí, amén» (Apocalipsis 1.7, énfasis mío).

Lee el versículo en otra versión. «Montado sobre las nubes, todo ojo lo verá, los que se burlaron de Él y lo mataron lo verán. Gente de todas las naciones y de todos los tiempos se rasgarán sus vestiduras en lamentación. Oh, sí» (Apocalipsis 1.7, THE MESSAGE [traducción libre del inglés]).

La santidad de Dios resalta el pecado del hombre.

Entonces, ¿qué hacemos? Si es verdad que «sin santidad nadie verá al Señor» (Hebreos 12.14, NVI), ¿a dónde iremos?

No podemos apagar la luz. No podemos romper el interruptor. No podemos regresar a la penumbra. Para ese entonces sería demasiado tarde.

¿Entonces qué podemos hacer?

La respuesta puede hallarse en la historia de Moisés. Lee con cuidado, con mucho cuidado, los siguientes versículos. Lee para responder a esta pregunta: ¿qué hizo Moisés para poder ver a Dios? Lee lentamente lo que dice Dios. Es posible que se te escape.

Cómo ver a Dios

«He aquí un lugar junto a mí, y tú estarás sobre la peña; y cuando pase mi gloria, yo te pondré en una hendidura de la peña, y te cubriré con mi mano hasta que haya pasado. Después apartaré mi mano, y verás mis espaldas; mas no se verá mi rostro» (Éxodo 33.21-23).

¿Viste lo que debía hacer Moisés? Tampoco yo. ¿Notaste quién hizo la obra? También yo.

¡Dios lo hizo! Dios es activo. Dios le dio a Moisés un sitio dónde pararse. Dios colocó a Moisés en la hendidura. Dios cubrió a Moisés con su mano. Dios pasó junto a él. Y Dios se reveló.

Por favor, subraya el punto clave. Dios equipó a Moisés para poder echarle una miradita a Dios.

Lo único que hizo Moisés fue pedir. Pero, ah, cómo pidió.

Lo único que podemos hacer es pedir. Pero, ah, cómo debemos pedir.

Pues sólo al pedir recibimos. Y sólo al buscar hallamos.

Y (¿es necesario que haga la aplicación?) Dios es el que nos equipará para nuestro momento eterno en el Hijo. ¿No nos ha provisto una roca, el Señor Jesús? ¿No nos ha dado una hendidura, su gracia? ¿Y acaso no nos ha cubierto con su mano, su mano horadada?

¿Y acaso el Padre no está en camino para buscarnos?

Del mismo modo que mi padre llegaba a la hora apropiada, así Dios vendrá. Y al igual que mi padre traía regalos y placeres, también lo hará el tuyo. Pero, a pesar de lo esplendorosos que son los regalos del cielo, no es eso lo que estamos esperando.

Esperamos ver al Padre. Y eso nos bastará.

CAPÍTULO VEINTISÉIS

Huérfanos ante la puerta

ME RELATARON una historia triste esta semana, una historia acerca de una luna de miel desastrosa. Los recién casados arribaron al hotel a temprana hora de la madrugada con grandes expectativas. Habían reservado una gran habitación con agregados románticos. Eso no fue lo que encontraron.

Parece que la habitación era bastante reducida. El pequeño cuarto no tenía vista, ni flores, sólo un baño estrecho y lo peor de todo... no había cama. Sólo un sofá cama con colchón abultado y resortes gastados. No era lo que habían esperado; por consiguiente, tampoco la noche lo fue.

A la mañana siguiente el novio de cuello dolorido bajó como una tromba hasta el escritorio del gerente y ventiló su enojo. Luego de escuchar con paciencia durante unos pocos minutos, el empleado preguntó «¿Abrió la puerta que está en su habitación?»

El novio admitió que no. Regresó y abrió la puerta que había pensado era un ropero. ¡Allí, con canastas de frutas y chocolates, se encontraba un amplio dormitorio![1]

---

1. *Leadership* [Liderazgo], invierno 1994, p. 46.

Suspiro.

¿No te los imaginas de pie ante la puerta de la habitación que habían ignorado? Ah, que agradable habría sido...

Una cómoda cama en lugar de un abultado sofá.

Una ventana con marco de cortinas en lugar de una pared en blanco.

Una fresca brisa en lugar de aire viciado.

Un elaborado cuarto de baño, no uno apretado.

Pero se lo perdieron. Qué triste. Apretados, malhumorados e incómodos siendo que sólo una puerta los separaba de la comodidad. Se lo perdieron porque pensaron que la puerta era un ropero.

¿Por qué no investigaste? Preguntaba yo al leer la nota. Sé curioso. Investiga. Haz la prueba. Échale una mirada. ¿Por qué aceptaste la suposición de que la puerta no llevaba a ninguna parte?

Buena pregunta. No sólo para la pareja sino para todos. No para la pareja que pensó que la habitación era lo único que había, sino para todos los que se sienten encerrados y apiñados en el antecuarto llamado la tierra. No es lo que habíamos esperado. Es posible que tenga sus momentos agradables, pero simplemente no es lo que nos parece que debiera ser. Algo dentro de nosotros gime pidiendo más.

Comprendemos lo que quiso decir Pablo al escribir: «Nosotros[...] gemimos en nuestro interior, esperando ansiosamente nuestra adopción como hijos, la redención de nuestro cuerpo» (Romanos 8.23, NVI).

Gemimos. Esa es la palabra. Una ansiedad interior. El eco de la caverna del corazón. El suspiro del alma que dice que el mundo está desencajado. Alterado. Mal deletreado. Rengo.

Algo está mal.

La habitación está demasiado encerrada para respirar, la cama demasiado dura para descansar, las paredes demasiado peladas para resultar placenteras.

De modo que gemimos.

184

No es que no lo intentemos. Hacemos lo mejor que podemos con el espacio del que disponemos. Corremos los muebles, pintamos las paredes, bajamos la intensidad de las luces. Pero hay un límite en cuanto a lo que se le puede hacer al lugar.

De modo que gemimos.

Y debiéramos hacerlo, argumenta Pablo. No fuimos hechos para estos minúsculos cuartos. «Mientras vivimos en esta tienda de campaña, suspiramos agobiados» (2 Corintios 5.4, NVI).

¿Nuestro cuerpo una tienda de campaña? No está mal como metáfora. He pasado algunas noches en tiendas de campaña. Son adecuadas para las vacaciones, pero no fueron creadas para uso diario. Se le abren las solapas. El viento invernal se mete por abajo. Los aguaceros estivales se cuelan por arriba. Se rae la lona y se aflojan las estacas.

Necesitamos algo mejor, argumenta Pablo. Algo permanente. Algo indoloro. Algo más que carne y hueso. Y hasta obtenerlo, gemimos.

Sé que lo que te digo no es nada nuevo. Conoces el gemido del alma. Se permite anhelar. El anhelo forma parte de la vida. Es natural añorar el hogar cuando se está de viaje.

Aún no hemos llegado a casa.

Somos huérfanos ante la puerta del orfanato, aguardando la llegada de nuestros nuevos padres. Todavía no han llegado, pero sabemos que vienen. Nos escribieron una carta. Aún no los hemos visto, pero conocemos su aspecto. Nos enviaron un retrato. Y todavía no estamos familiarizados con nuestro nuevo hogar, pero tenemos un pálpito con respecto a él. Es grandioso. Nos enviaron una descripción.

¿Qué pues haremos? Aquí, ante la puerta donde el ahora-ya se encuentra con la senda del todavía-no, ¿qué haremos?

Gemimos. Anhelamos que nos llamen a casa. Pero hasta que Él llame, esperamos. Estamos parados en el

185

zaguán del orfanato y esperamos. ¿Y cómo esperamos? Con paciente ansiedad.

«Esperamos lo que todavía no tenemos, lo esperamos *con paciencia* (Romanos 8.25 NVI, énfasis mío).

«Esperando *ansiosamente* nuestra adopción como hijos» (Romanos 8.23, NVI, énfasis mío). No con tanta ansiedad que nos haga perder nuestra paciencia y no con tanta paciencia que nos haga perder la ansiedad.[2]

Sin embargo, con frecuencia tendemos a perder una o la otra.

¡Nos volvemos tan pacientes que nos quedamos dormidos! Nuestros párpados se vuelven pesados. Nuestros corazones se vuelven soñolientos. Nuestra esperanza se escurre. Dormitamos en nuestros puestos.

O estamos tan ansiosos que exigimos. Exigimos de este mundo lo que sólo nos puede dar el mundo venidero. Ninguna enfermedad. Ningún sufrimiento. Ninguna lucha. Pataleamos y sacudimos nuestros puños, olvidando que únicamente en el cielo puede encontrarse esa paz.

Debemos ser pacientes, pero no tanto que no añoremos. Debemos ser ansiosos, pero no tanto que no esperemos.

Sería sabio de nuestra parte hacer lo que nunca llegaron a hacer los recién casados. Sería sabio abrir la puerta. Pararse a la entrada. Contemplar la habitación. Contener el aliento ante la belleza.

Y esperar. Esperar que llegue el novio para cargarnos a nosotros, su novia, y cruzar así el umbral.

---

2. Con aprecio para John R.W. Stott, *Christian Assurance: The Hope of Glory* [Seguridad cristiana: La esperanza de gloria], *All Souls Cassettes*, Londres, d28 1b.

CAPÍTULO VEINTISIETE

El paisaje de las tierras altas

ESTANDO EN Colorado para unas vacaciones de una semana, nuestra familia se reunió con varias otras y decidió escalar la cumbre de un pico de 4.200 metros. La escalaríamos del modo fácil. Iríamos en automóvil hasta pasar la línea de la vegetación y atacaríamos el kilómetro y medio final a pie. Ustedes los robustos caminantes se habrían aburrido, pero para una familia con tres hijas pequeñas, era prácticamente lo único que podíamos soportar.

La travesía resultó tan fatigosa como bella. Me vino a la memoria el hecho de que el aire era escaso mientras que mi cintura no.

Para nuestra hija de cuatro años, Sara, resultó doblemente difícil. Una caída en los primeros minutos le dejó como saldo una rodilla raspada y un paso tímido. No quería caminar. En realidad, se *negaba* a caminar. Quería que la llevaran. Primero en mi espalda, luego en los brazos de mamá, después mi espalda, luego la espalda de un amigo, después mi espalda, luego la de mamá... bueno, ya se imagina el cuadro.

Es más, ya sabes cómo se sentía ella. Tú, también, has tropezado, y tú, también, has pedido ayuda. Y tú, también, la has recibido.

Todos necesitamos ayuda de vez en cuando. Esta travesía se vuelve empinada. Tan empinada que algunos de nosotros nos damos por vencidos.

Algunos dejan de escalar. Algunos simplemente se sientan. Siguen cerca del sendero, pero no lo transitan. No han abandonado el viaje, pero tampoco lo han continuado. No han desmontado, pero tampoco han espoleado. No se han retirado y sin embargo no se han decidido.

Simplemente han dejado de caminar. Pasan mucho tiempo sentados en derredor del fuego, hablando de cómo eran antes las cosas. Algunos se quedan años sentados en el mismo sitio. No experimentan cambios. Las oraciones no se profundizan. La devoción no se incrementa. La pasión no aumenta.

Unos pocos hasta se vuelven cínicos. Ay del viajero que los desafía a retomar el viaje. Ay del profeta que osa instarlos a ver la montaña. Ay del explorador que les recuerda su llamado... los peregrinos no son bienvenidos aquí.

Y así el peregrino sigue avanzando mientras el colono se acomoda.

Se acomoda a la igualdad.

Se acomoda a la seguridad.

Se acomoda a los montones de nieve.

Espero que tú no hagas eso. Pero si lo haces, espero que no te mofes del peregrino que te llama a volver al viaje.

Vale la pena seguir en movimiento.

Al intentar, sin éxito, convencer a Sara para que caminase, traté de describir lo que íbamos a ver. «Será tan bello», le dije. «Verás todas las montañas, el cielo y los árboles». No hubo suerte... quería ir cargada. Aun así era una buena idea. Aun cuando no diera resultados. No hay cosa como la visión de las cumbres para infundir poder en una travesía.

De paso, también a ti te aguarda un maravilloso paisaje. El escritor de Hebreos nos brinda un artículo estilo *National Geographic* acerca del cielo. Escucha cómo describe la cumbre de Sion. Dice que cuando lleguemos a la montaña habremos arribado a la «ciudad del Dios vivo[...] A la compañía de muchos millares de ángeles[...] A la congregación de los primogénitos que están inscritos en los cielos[...] A Dios, el Juez de todos[...] a los espíritus de los justos hechos perfectos[...] A Jesús, el Mediador del nuevo pacto[...] A la sangre rociada que habla mejor que la de Abel» (Hebreos 12.22-24).

¡Qué montaña! ¿No es cierto que será maravilloso ver a los ángeles? ¿Poder al fin saber cómo y quiénes son? ¿Poder escucharlos contar acerca de las veces que estuvieron a nuestro lado, incluso dentro de nuestra casa?

Imagina la congregación de los primogénitos. Una reunión de todos los hijos de Dios. Sin celos. Sin competencia. Sin división. Sin apuro. Seremos perfectos... puros. No habrá más tropiezos. No habrá más caídas. Se acabará la lujuria. El chisme se callará. Los rencores desaparecerán para siempre.

E imagínate ver a Dios. Al fin, poder contemplar el rostro de tu Padre. Sentir sobre ti la mirada del Padre. Ninguno de los dos cesará jamás.

Hará lo que prometió hacer. *Haré todo nuevo*, prometió Él. *Restauraré lo que fue arrebatado. Restauraré tus años colgados de muletas y atrapados en sillas de ruedas. Restauraré las sonrisas opacadas por causa del dolor. Volveré a ejecutar las sinfonías que no escucharon oídos sordos y las puestas de sol que no vieron ojos ciegos.*

El mudo cantará. El pobre se dará un banquete. Las heridas sanarán.

Haré todo nuevo. Restauraré todas las cosas. El niño arrebatado por enfermedad correrá a tus brazos. La libertad perdida por causa de la opresión danzará en tu corazón. La paz de un corazón puro será mi obsequio para ti.

Haré todo nuevo. Nueva esperanza. Nueva fe. Y por sobre todo nuevo Amor. El Amor del que todos los otros amores hablan. El Amor ante el cual todos los otros amores palidecen. El Amor que has buscado en mil puertos en mil noches... este Amor mío, te pertenecerá.[1]

¡Qué montaña! Jesús estará allí. Has anhelado verlo. Finalmente lo verás. Es interesante lo que el escritor dice que veremos. No menciona el rostro de Jesús, aunque lo veremos. No se refiere a la voz de Jesús, aunque gritará. Menciona una parte de Jesús que a la mayoría de nosotros no se nos ocurriría ver. Dice que veremos la sangre de Jesús. El carmesí de la cruz. El líquido de vida que corrió por su frente, goteó de sus manos y fluyó de su costado.

La sangre humana del divino Cristo. Cubre nuestros pecados.

Proclama un mensaje: *Hemos sido comprados. No podemos ser vendidos. Jamás.*

Vaya, qué momento. Qué montaña.

Créeme cuando digo que valdrá la pena. Ningún precio es demasiado elevado. Si debes pagar un precio, ¡págalo! Ningún sacrificio es demasiado grande. Si es necesario que dejes equipaje en el camino, ¡déjalo! Ninguna pérdida será comparable. Cueste lo que cueste, hazlo.

Por todos los cielos, hazlo.

Valdrá la pena. Lo prometo. Una visión de la cumbre justificará el dolor del camino.

Dicho sea de paso, nuestro grupo al fin logró escalar la montaña. Pasamos aproximadamente una hora en la cumbre, sacando fotos y disfrutando de la vista. Más tarde, en el camino de descenso, escuché a la pequeña Sara exclamar con orgullo: «¡Lo hice!»

---

1. Véase Apocalipsis 21.5.

Me reí para adentro. *No fue así*, pensé. *Tu mamá y yo lo hicimos. Amigos y familiares te hicieron escalar esta montaña. No lo hiciste tú.*

Pero no dije nada. No dije nada porque estoy recibiendo el mismo trato. También tú. Tal vez pensemos que estamos escalando, pero alguien nos lleva. Vamos sobre la espalda del Padre que nos vio caer. Vamos sobre la espalda del Padre que quiere que logremos llegar a casa. Un Padre que no se enoja cuando nos cansamos.

Después de todo, Él sabe qué se siente al escalar una montaña.

Él escaló una por nosotros.

CAPÍTULO VEINTIOCHO

El nombre que sólo Dios conoce

*H*ACE UN TIEMPO ATRÁS, al finalizar una reunión, me entregaron una foto. Una foto de un perro. Una instantánea de un simple y desgreñado perro colorado.

No es frecuente que la gente me muestre una foto de su perro. Bebés, sí. Nietos, a menudo. Cónyuges, a veces. ¿Pero perros? Esto era una novedad. No sabía qué decir.

—Qué perro —atiné a decir. Se miraron el uno al otro, rieron, y volvieron a mirarme. Sabían algo que desconocía.

—¿De qué se trata? —pregunté.

—¡Lo llamamos Max! —proclamaron al unísono.

De nuevo quedé estupefacto. ¿Se trataba de una broma o me estaban honrando? ¿Un demérito o un elogio?

Opté por el camino seguro.

—Ehhh... Nunca antes habían nombrado a un perro en honor a mí.

—Sabíamos que se sentiría halagado —explicó ella—. Hemos disfrutado tanto de sus libros que cuando trajimos el perrito, pensamos en usted.

(*¿Perrito?*)

Les di las gracias y guardé la foto en el bolsillo. Un poco más tarde se me ocurrieron algunas respuestas apropiadas. «No será el primer Max que esté en una casita de perro», era una de ellas. Lástima que no se me ocurrió antes. Un amigo luego me dio un artículo donde se informaba que Max es el nombre para perros más popular en Estados Unidos. Así que tal vez tenga otra oportunidad.

No puedo decir que haya meditado mucho acerca de esto. Nunca pensé que tuviera mucha importancia. Sí recuerdo que un niño de la primaria se preguntaba si yo era alemán. Le dije que no.

—¿Entonces por qué tienes un nombre alemán? —ni siquiera estaba enterado de que Max fuese alemán. Me aseguró que así era. De modo que decidí averiguar.

—¿Por qué me diste el nombre de Max? —le pregunté a mamá al llegar a casa.

Levantó la vista del fregadero y respondió:

—Simplemente te vi cara de Max.

Tal como lo dije, no le he prestado mucha atención a mi nombre. Pero hay un nombre que ha captado mi atención últimamente. Un nombre que sólo Dios conoce. Un nombre que sólo Dios da. Un nombre singular, fuera de lo común, que sólo se asignará una vez.

¿De qué estoy hablando? Bueno, tal vez no estés enterado, pero Dios tiene un nuevo nombre para ti. Cuando llegues a casa, no te llamará Alicia ni Pepe ni Juan ni Geraldo. El nombre que siempre has escuchado no será el que Él use. Cuando Dios dice que hará todas las cosas nuevas, lo dice de verdad. Tendrás un nuevo hogar, un nuevo cuerpo, una nueva vida y, acertaste, un nombre nuevo.

«Al que venciere, daré a comer del maná escondido, y le daré una piedrecita blanca, y en la piedrecita escrito un nombre nuevo, el cual ninguno conoce sino aquel que lo recibe» (Apocalipsis 2.17).

Tiene sentido. A los padres les gusta asignarles nombres especiales a sus niños. Princesa. Tigre. Dulcecito. Pepe. Ángel. Tengo una amiga a quien su padre le llama Willy. Su nombre es Priscilla. Cuando ella crecía, él hacía bromas diciéndole Priscilly. Eso se convirtió en Silly-Willy. Hoy en día le dice Willy. Ninguna otra persona lo hace. Y aunque lo hiciesen, ningún otro podría decirlo del modo que lo hace su padre.

Es posible que no hayas recibido un nombre especial. O quizás hayas dedicado gran parte de tu vida al logro de un nombre propio. O tal vez tu nombre, al igual que el mío, es popular en el reino animal. Sea lo que fuere, cualquier nombre terrenal pronto será olvidado. El único nombre que tiene importancia es el que Dios ha reservado sólo para ti.

O quizás has recibido nombres especiales. Nombres que nunca buscaste. Nombres burlones e hirientes. Nombres como «perdedor» o «tramposo», «paralítico», «infectado», o «divorciado». Si ese es tu caso, lo lamento. Sabes cuánto puede lastimar un nombre. Pero también puedes imaginarte cómo puede sanar un nombre.

Especialmente cuando proviene de los labios de Dios.

¿No te parece increíble que Dios haya reservado un nombre para ti? ¿Un nombre que ni siquiera conoces? Siempre hemos imaginado que conservaremos el nombre que nos dieron. No es así. Imagina lo que eso implica. Al parecer tu futuro es tan promisorio que amerita un nuevo título. El camino por delante es tan brillante que se torna necesario un nombre nuevo. Tu eternidad es tan especial que ningún nombre común servirá.

Así que Dios tiene reservado uno para ti. A tu vida le aguarda más de lo que jamás imaginaste. A tu historia le falta más de lo que has leído. A tu canción le espera más de lo que has cantado. Un buen autor

El nombre que sólo Dios conoce

se reserva lo mejor para el final. Un gran compositor guarda su obra maestra para el final. Y Dios, el autor de la vida y compositor de la esperanza, ha hecho lo mismo para ti.

Lo mejor aún no ha llegado.

Y por lo tanto insisto que no te des por vencido.

Y por lo tanto te ruego que acabes el viaje.

Y por lo tanto te exhorto que estés presente.

Asegúrate de estar presente cuando Dios susurre tu nombre.

Cuando
Dios
susurra
tu
nombre

GUÍA DE ESTUDIO

Preparada por
Steve *Halliday*

CÓMO USAR ESTA GUÍA DE ESTUDIO

Cada uno de estos estudios cortos está preparado no sólo para interactuar con las ideas contenidas en *Cuando Dios susurra tu nombre*, sino también para orientar de nuevo a los lectores hacia las Escrituras como fuente de esas ideas.

La primera sección de cada estudio, Puntos para reflexionar, selecciona porciones de cada capítulo para analizarse en grupo. La segunda sección, Sabiduría de la Palabra, ayuda a los lectores para que caven a mayor profundidad en el punto de vista de las Escrituras en lo que se refiere al asunto que se estudia.

Aunque todos los estudios pueden realizarse por separado, también pueden considerarse en conjunto con uno o más estudios que traten temas similares. A continuación se sugiere una lista de estudios complementarios:

Puntos para reflexionar

«Algo nos sucede en el trayecto. Las convicciones de cambiar el mundo se van degradando hasta convertirse en compromisos de pagar las cuentas. En lugar de lograr un cambio, logramos un salario. En lugar de mirar hacia adelante, miramos hacia atrás. En lugar de mirar hacia afuera, miramos hacia adentro. Y no nos agrada lo que vemos».

1   ¿Han cambiado tus convicciones al incrementarse tu edad? De ser así, ¿en qué forma han cambiado?

2   ¿Te agrada lo que ves? Explica.

«Moisés a los cuarenta años nos gusta. ¿Pero Moisés a los ochenta? De ninguna manera. Demasiado viejo. Demasiado cansado. Huele a pastor. Habla como extranjero. ¿Qué impacto causaría al Faraón? No es el hombre indicado para la tarea.

Y Moisés habría estado de acuerdo. "Ya lo intenté antes", diría él. "Ese pueblo no quiere ayuda. Sólo déjame aquí para cuidar de mis ovejas. Son más fáciles de guiar". Moisés no habría ido. Tú no lo habrías enviado. Yo no lo habría enviado. Pero Dios sí lo hizo».

1   ¿Le habrías encargado a Moisés la tarea de sacar a Israel de la esclavitud? Explica.

2   ¿Qué te parece que habrá visto Dios en Moisés? ¿Qué te parece que puede llegar a ver en ti?

«La voz de la zarza es la voz que te susurra. Te recuerda que Dios aún no ha acabado contigo. Claro

199

que es posible que pienses que sí ha acabado. Tal vez pienses que ya estás en descenso. Quizás pienses que tiene otro que puede realizar la tarea.

Si eso es lo que piensas, reconsidera».

Cuando Dios susurra tu nombre

1 ¿De qué manera te recuerda «la voz de la zarza» que Dios aún no ha acabado contigo?

2 ¿Alguna vez has vivido una experiencia de «zarza ardiente»? De ser así, descríbela.

3 ¿Para qué cosa te parece que Dios aún puede estar llamándote?

Sabiduría de la Palabra

🍇 Lee Éxodo 6.28—7.6. ¿Qué opinión tenía Moisés de sí mismo? ¿Qué opinión tenía Dios de Moisés? ¿Cuál fue la opinión que ganó?

🍇 Lee Hebreos 11.24-28. De acuerdo con este pasaje, ¿cómo logró Moisés hacer lo que hizo? ¿De qué manera se relaciona esto contigo?

🍇 Lee Filipenses 1.6. ¿Cuál es la promesa que se da en este versículo? ¿Cómo puede cambiar tu manera de vivir? ¿Afecta esto tu forma de vida personal? Explica.

CAPÍTULO 2   POR QUÉ IBA JESÚS A FIESTAS

Puntos para reflexionar

«Creo que es significativo que la gente común de un pequeño pueblo disfrutara de estar con Jesús. Creo que vale la pena destacar que el Todopoderoso no se comportaba de manera arrogante. El Santo no era santurrón. Aquel que todo lo sabía no era un sabelotodo. El que hizo las estrellas no tenía la cabeza metida en ellas. El que posee todo lo que hay en la tierra nunca la recorrió con altivez».

1 ¿Te parece importante que la «gente común» disfrutara de estar con Jesús? Explica.

2 Con una sola palabra define el rasgo de la vida de Jesús que se describe arriba.

«¿De dónde sacamos la idea de que un buen cristiano es un cristiano solemne? ¿Quién inició el rumor de que lo que identifica a un discípulo es una cara larga? ¿Cómo creamos esta idea de que los verdaderamente dotados son los de corazón apesadumbrado?»

1 ¿Ves al cristiano como alguien «solemne»? Explica.

2 ¿Dónde piensas que se originó la idea del cristiano de corazón apesadumbrado?

3 ¿Otros te considerarían un discípulo de cara larga? Explica.

«Así que, perdónenme, diácono Polvoseco y hermana Corazontriste. Lamento arruinar su marcha fúnebre, pero Jesús era una persona amada. Y sus discípulos debieran serlo también. No hablo de libertinaje, borrachera y adulterio. No apoyo la transigencia, la grosería ni la obscenidad. Sólo soy un cruzado a favor de la libertad de disfrutar de un buen chiste, dar vida a una fiesta aburrida y apreciar una noche entretenida».

1 Describe tu reacción a lo que intuye Max en el párrafo anterior.

2   ¿Cómo reaccionas ante el diácono Polvoseco y la hermana Corazontriste con los cuales te encuentras? ¿Cómo te parece que reaccionaría Jesús?

Sabiduría de la Palabra

🍇   Lee Juan 2.1-11. ¿Cuál es la impresión de Jesús que obtienes de este pasaje? ¿Por qué piensas que lo incluyó Juan en su Evangelio?

🍇   Lee Mateo 11.18-19. ¿Cuáles son las partes ciertas de esta acusación contra Jesús y cuáles falsas? ¿Qué es lo que te dice este pasaje acerca del modo de vida de Jesús? ¿Cómo se relaciona esto con el punto que destaca Max?

🍇   Lee 1 Tesalonicenses 5.16. ¿Qué significa estar «gozoso»? ¿Por qué es significativo que este sea un mandato? ¿Cuán bueno eres en obedecer este mandato?

⊛.

CAPÍTULO 3   HÉROES OCULTOS

Puntos para reflexionar

«Juan no tiene la apariencia del profeta que sería la transición entre la ley y la gracia. No tiene aspecto de héroe.

Los héroes rara vez parecen serlo».

1   ¿Cómo es que los héroes rara vez parecen serlo?

2   ¿Cuál es tu imagen de un héroe?

202

«Por cada héroe de candilejas, existen docenas que están en las sombras. La prensa no les presta atención. No atraen a multitudes. ¡Ni siquiera escriben libros! Pero detrás de cada alud hay un copo de nieve. Detrás de un desprendimiento de rocas hay un guijarro. Una explosión atómica comienza con un átomo. Y un avivamiento puede empezar con un sermón».

1 ¿Cuántos «héroes que no son de candilejas» conoces?

2 ¿Qué los convierte en héroes?

«Sería bueno que mantuviésemos los ojos abiertos. Es posible que el Spurgeon de mañana esté cortando tu césped. Y el héroe que lo inspira podría estar más cerca de lo que te imaginas. Podría estar en tu espejo».

1 ¿Has sido héroe para alguno?

2 ¿Podrías llegar a serlo?

Sabiduría de la Palabra

🍇 Lee Marcos 1.1-8. ¿Cómo describirías a Juan en lenguaje moderno? ¿De qué manera lo ayudaron su apariencia y su estilo de vida a cumplir con su misión? ¿En qué manera fue un héroe?

🍇 Lee 2 Corintios 4.7-11; 6.4-10; 11.22-28. ¿Qué aprendes acerca de Pablo a través de estos pasajes? ¿Qué cosa en ellos describe el tipo de héroe que era él? ¿Te alientan o te desaniman estos pasajes? ¿Por qué?

Puntos para reflexionar

Cuando Dios susurra tu nombre

«En la evangelización el Espíritu Santo ocupa el centro del escenario. Si el discípulo enseña, es porque el Espíritu enseña al discípulo (Lucas 12.12). Si el oyente queda bajo convicción, es porque el Espíritu ha penetrado (Juan 16.10). Si el oyente se convierte, es por el poder transformador del Espíritu (Romanos 8.11)».

1   ¿De qué manera has visto al Espíritu Santo obrar en tu vida en el proceso de evangelización?

2   ¿Cuál es la diferencia que marca para ti el hecho de que el Espíritu Santo obre a tu lado en la evangelización?

«En ti obra el mismo Espíritu que obró en Felipe. Algunos no me creen. Siguen siendo cautelosos».

1   ¿En qué se parece la obra del Espíritu Santo en tu vida a la obra en la vida de Felipe? ¿En qué se diferencia?

2   ¿Eres uno de los «cautelosos»? Explica.

Sabiduría de la Palabra

 Lee Hechos 8.26-40. Enumera los pasos que dio Felipe bajo la dirección del Espíritu. ¿Cuáles principios eficaces de evangelización puedes obtener de este pasaje? ¿Cuáles utilizas? ¿Cuáles no utilizas? Explica.

 Lee Romanos 8.13-14; Gálatas 5.16-18. ¿Qué enseñan estos pasajes acerca de la guía del Espíritu? ¿Qué es lo que se promete? ¿Cuáles son las advertencias que se dan?

CAPÍTULO 5 MÁXIMAS

Puntos para reflexionar

«Aprendemos la brevedad mediante Jesús. Su sermón más importante puede leerse en ocho minutos
(Mateo 5—7). Su historia más conocida puede leerse
en noventa segundos (Lucas 15.11-32). Hizo un resumen de la oración en cinco frases (Mateo 6.9-13).
Acalló a acusadores con un desafío (Juan 8.7). Rescató a un alma con una oración (Lucas 23.43). Hizo
un resumen de la Ley en tres versículos (Marcos
12.29-31) y redujo todas sus enseñanzas a un mandato (Juan 15.12). Declaró su objetivo y se fue a casa».

*Guía
de
estudio*

1   ¿Por qué es tan poderosa la brevedad? ¿Qué la hace
    tan efectiva?

2   ¿Cuál de las máximas de Max de este capítulo te
    impactó más? ¿Por qué?

Sabiduría de la Palabra

🍇 Lee Lucas 15.11-32. ¿Por qué piensas que esta es la
    historia más conocida de Jesús? ¿Qué la hace tan
    poderosa?

🍇 Lee Mateo 6.9-13. Enumera los elementos de oración
    que se encuentran en ese pasaje. ¿Pones en práctica
    estos elementos en tu vida de oración? Explica.

🍇 Lee Marcos 12.29-31. ¿Cómo resumen estos manda-
    tos toda la enseñanza de la Biblia? ¿Cómo encajan
    entre sí?

Puntos para reflexionar

*Cuando
Dios
susurra
tu
nombre*

«Si nuestra mayor necesidad hubiese sido la información, Dios nos habría enviado un educador. Si nuestra mayor necesidad hubiese sido la tecnología, Dios nos habría enviado un científico. Si nuestra mayor necesidad hubiese sido el dinero, Dios nos habría enviado un economista. Pero como nuestra mayor necesidad era la del perdón, Dios nos envió un Salvador».

1   ¿Estás de acuerdo en que nuestra mayor necesidad era la de perdón?

2   Explica por qué piensas que es así.

«Él se hizo como nosotros, para que pudiésemos llegar a ser como Él».

1   ¿De qué modo se hizo como nosotros?

2   ¿De qué modo podemos llegar a ser como Él?

Sabiduría de la Palabra

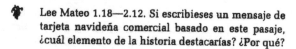 Lee Mateo 1.18—2.12. Si escribieses un mensaje de tarjeta navideña comercial basado en este pasaje, ¿cuál elemento de la historia destacarías? ¿Por qué?

Lee Lucas 2.1-20. Si escribieses un mensaje de tarjeta navideña comercial basado en este pasaje, ¿cuál elemento de la historia destacarías? ¿Por qué?

CAPÍTULO 7   DETRÁS DE LA CORTINA DE BAÑO

Puntos para reflexionar

«Nunca me ha sorprendido el juicio de Dios, pero aún me deja pasmado su gracia».

1   ¿Alguna vez te ha sorprendido el juicio de Dios? ¿Y su gracia? Explica.

2   ¿Por qué generalmente nos sorprende más la gracia que el juicio?

«Pareciera que Dios más bien busca la manera de lograr que lleguemos al hogar en lugar de buscar formas que impidan nuestra entrada. Te desafío a encontrar un alma que se acercó a Dios buscando gracia y no la encontró».

1   ¿Qué formas usó Dios para hacerte llegar al «hogar»?

2   Acepta el desafío de Max... ¿se te ocurre una persona bíblica que haya buscado la gracia de Dios, pero no la encontró? ¿Cuán importante resulta esto? ¿Por qué?

«No estoy a favor de diluir la verdad ni de comprometer el evangelio. Pero si un hombre de corazón puro llama *Padre* a Dios, ¿no puedo llamar a ese mismo hombre *hermano*? Si Dios no establece la perfección doctrinal como requisito para la membresía familiar, ¿debería hacerlo yo?»

1   ¿Qué crees que quiso decir Max con su expresión «un hombre de corazón puro»?

2   ¿Qué sucedería si la «perfección doctrinal» se estableciese «como requisito para la membresía familiar»?

🍇 Lee Lucas 19.1-10. ¿Cómo cambió la gracia a Zaqueo? ¿Te parece que la gracia lo sorprendió? ¿Y los que lo rodeaban? Explica.

🍇 Lee Lucas 15.3-7. ¿A quién dirigió Jesús su parábola? ¿Por qué resulta eso importante? ¿Cuál era su punto principal? ¿Qué puedes aprender acerca de la gracia por medio de esta parábola?

∞

CAPÍTULO 8   LAS PREGUNTAS DE GABRIEL

Puntos para reflexionar

«¿Nos asombra aún la venida de Dios? ¿Nos sigue anonadando el evento? ¿La Navidad sigue causándonos el mismo mudo asombro que provocó dos mil años atrás?»

1   ¿Te «asombra aún la venida de Dios»?

2   ¿Cómo te mantienes preparado para permitir que Dios te asombre?

«¿Y por qué será que de unos cien hijos de Dios, aproximadamente, sólo dos se detuvieron para considerar a su hijo? ¿Qué cosa es este demonio de diciembre que nos roba los ojos e inmoviliza las lenguas? ¿No es esta la temporada para hacer una pausa y plantear las preguntas de Gabriel? La tragedia no es que no las pueda contestar, sino que estoy demasiado ocupado para formularlas».

1   ¿Cómo explicas «este demonio de diciembre que nos roba los ojos e inmoviliza las lenguas»?

2   ¿Cuál de las preguntas de Gabriel te intriga más? ¿Por qué?

Sabiduría de la Palabra

 Lee Lucas 1.5-20; 26-38. Compara el versículo 18 con el versículo 34. ¿Por qué piensas que Gabriel reaccionó de manera tan diferente ante estas preguntas? ¿Piensas que Gabriel haya sido de «personalidad» muy amable? Explica.

Guía de estudio

 Lee Daniel 8.15-19; 9.20-22. ¿Qué aprendes acerca de la personalidad de Gabriel a través de estos pasajes? ¿Cuál piensas que sería tu reacción si se te apareciera?

⊛

CAPÍTULO 9   ¿CUÁL ES TU PRECIO?

Puntos para reflexionar

«"Escoja. Sólo elija una opción y el dinero es suyo". Una voz grave desde otro micrófono comienza a leer la lista. "Ceda a sus hijos en adopción". "Prostitúyase por una semana". "Renuncie a su ciudadanía estadounidense". "Abandone su iglesia". "Abandone a su familia". "Mate a un desconocido". "Hágase un cambio de sexo quirúrgico". "Abandone a su esposa". "Cambie su raza". "Esa es la lista", proclama el conductor. "Ahora haga su selección"».

1   ¿Cómo responderías si fueras uno de los concursantes de este programa?

2   ¿Cuál es tu precio?

«A un estudiante se le pidió una vez que definiera las palabras *yo* y *mío*. Respondió: "Pronombres agresivos"».

1   ¿Cuál es el problema de los «pronombres agresivos»?

2   ¿Cuál es el costo del egoísmo?

Sabiduría de la Palabra

🍇   Lee Lucas 12.13-21. ¿Cuál es el punto referente a la codicia que destaca Jesús en este pasaje? ¿Cuál es su punto principal?

🍇   Lee Deuteronomio 10.14-15. De acuerdo con este pasaje, ¿por qué no tiene sentido la codicia? ¿Cuál es la conexión entre los versículos 14 y 15?

🍇   Lee Hebreos 13.5-6. ¿Cuál es el mandato negativo que se da aquí? ¿Cuál es el mandato positivo? ¿Cuál es la razón que se da para obedecer los mandatos? ¿Qué se produce como resultado de la obediencia a los mandatos?

❦

CAPÍTULO 10   PROVISIONES Y GRACIA

Puntos para reflexionar

«Nosotros también hemos sido agraciados con una sorpresa. Aun mayor que la de la dama. Pues aunque su deuda era grande, la podía pagar. Nosotros no tenemos la posibilidad de pagar la nuestra. A nosotros, al igual que a la mujer, se nos ha dado un regalo. No sólo en la caja registradora, sino ante el tribunal. Y nosotros también nos hemos convertido en esposa. No sólo por un momento, sino por la eternidad. Y no sólo para provisiones, sino para el banquete».

1   ¿De qué modo «hemos sido agraciados con una sorpresa»?

2   ¿Por qué no tenemos la posibilidad de pagar nuestra deuda?

Guía de estudio

3   ¿Qué regalo se nos entregará ante el tribunal?

4   ¿En qué forma nos hemos convertido en esposa?

5   ¿Cuál es el banquete que nos menciona Max?

6   ¿Piensas que asistirás al banquete? Explica.

Sabiduría de la Palabra

🌿 Lee Romanos 5.6-11. ¿Para quién murió Cristo (v. 6)? ¿Por qué es esto un ejemplo de gracia? ¿Qué resultado produce el abrazar la gracia (v. 11)? ¿Esto es característico en tu experiencia? Explica.

🌿 Lee Apocalipsis 19.6-9. ¿Cómo nos alienta este acontecimiento que se describe en este pasaje? ¿Quiénes son los participantes principales? ¿Esperas estar allí? Sí o no, ¿por qué?

❧

CAPÍTULO 11   LA DECISIÓN

Puntos para reflexionar

«Amor, alegría, paz, paciencia, amabilidad, bondad, fidelidad, mansedumbre, dominio propio. A estos encomiendo mi día. Si tengo éxito, daré gracias. Si fallo, buscaré su gracia. Y luego, cuando este día haya acabado, pondré mi cabeza sobre mi almohada y descansaré. Escojo a Dios».

1   ¿Qué opinas acerca de la filosofía de vida expresada
     en el párrafo anterior? ¿Da resultado? Explica.

2   ¿Qué significa Max al decir: «Escojo a Dios»? ¿Cómo
     se *escoge* a Dios?

Sabiduría de la Palabra

🍇   Lee Gálatas 5.22-23. ¿Por qué no hay ley contra las
     cosas enumeradas en este pasaje? ¿Con qué se com-
     paran estas cosas en los versículos 19-21? ¿En cuál
     lista te ubicas con mayor frecuencia?

🍇   Lee Deuteronomio 30.19-20 y Josué 24.14-15. ¿Cuá-
     les son las opciones que estos pasajes nos brindan?
     ¿En qué se parecen estas opciones a las que debemos
     escoger? ¿Qué decisión has tomado? Explica.

⸎

CAPÍTULO 12   EL PROFETA

Puntos para reflexionar

     «Uno se viste como Jesús, pero el otro se comporta
     como Jesús. Uno se presentó como embajador de
     Cristo; el otro no tuvo la necesidad de hacerlo. Uno
     me despertó la curiosidad, pero el otro me tocó el
     corazón».

1   ¿Cuál de estos dos hombres te agradaría más cono-
     cer? Explica.

2   ¿Con cuál de estos hombres te resultaría más agrada-
     ble pasar una semana? Explica.

«Algo me decía que si Jesús estuviese presente, en persona, en San Antonio, y yo me encontrase con Él en un almacén, no lo reconocería por su rastrillo, su vestimenta y gran Biblia. En cambio lo reconocería por su buen corazón y sus palabras amables».

1   ¿Cómo piensas que se vestiría Jesús si anduviese por las calles de nuestro mundo actual? ¿Sería posible reconocerlo entre una multitud de personas? Explica.

2   ¿Cómo piensas que se comportaría?

Sabiduría de la Palabra

🍇   Lee 1 Juan 2.3-6. ¿Cómo podemos saber que hemos conocido a Jesús (v. 3)? ¿Qué le sucede a la persona que obedece la Palabra de Dios (v. 5)? ¿Qué debemos hacer si declaramos que conocemos a Jesús (v. 6)?

🍇   Lee Lucas 6.43-45. ¿Cómo puedes distinguir entre un «árbol» malo y uno bueno? ¿Qué tipo de «fruta» dirían otros que produces tú?

🍇   Lee Efesios 5.1-2. ¿Cuáles son los mandatos que se nos dan en este pasaje? ¿Qué ejemplo nos da?

CAPÍTULO 13   CUANDO TE IRRITEN LOS GRILLOS

Puntos para reflexionar

«Cuando nos maltratan, nuestra respuesta animalística es salir a cazar. Instintivamente cerramos nuestros puños. Buscar la venganza es algo muy natural. Lo cual, en parte, es lo que constituye el problema. La venganza es natural, no espiritual. Vengarse es la ley de la selva. Conceder gracia es la ley del reino».

1   ¿Qué es lo que con más frecuencia caracteriza tu respuesta al maltrato, la «ley de la selva» o la «ley del reino»?

2   Da un ejemplo de tu modo de reaccionar ante el maltrato.

«La venganza es irreverente. Cuando devolvemos un golpe estamos diciendo: "Sé que la venganza es tuya, Dios, pero lo que ocurre es que pensé que no castigarías lo suficiente. Pensé que sería mejor tomar esta situación en mis propias manos. Tiendes a ser un poco suave"».

1   ¿Alguna vez has tenido la sensación que se describe en el párrafo anterior? Explica.

2   ¿Cuál fue el resultado si alguna vez actuaste según este sentimiento?

«El perdón aparece con más facilidad con una lente de gran alcance. José utiliza una para poder ver todo el cuadro. Rehúsa enfocar la traición de sus hermanos sin mirar también la lealtad de su Dios».

1   ¿Cómo es que el perdón aparece con más facilidad con una «lente de gran alcance»?

2   ¿Por qué se dificulta con una «lente de teleobjetivo»?

Sabiduría de la Palabra

 Lee Proverbios 20.22. ¿Cuál es el mandato negativo

que se da aquí? ¿Cuál es el mandato positivo? ¿De qué modo obran ambos en conjunto?

🍇 Lee Génesis 50.15-21. ¿Tenía José derecho a estar enojado por la forma en que lo maltrataron sus hermanos? ¿Cómo reaccionó él? ¿Cuál fue el resultado? ¿Cómo piensas que habrías reaccionado si fueses José?

∽❧∾

CAPÍTULO 14   CÓMO VER LO QUE OJO NO VE

Puntos para reflexionar

«La vida es más de lo que el ojo percibe. Pues de eso se trata la fe. La fe es confiar en lo que el ojo no puede ver. Los ojos ven al león que acecha. La fe ve el ángel de Daniel. Los ojos ven tormentas. La fe ve el arco iris de Noé. Los ojos ven gigantes. La fe ve a Canaán».

1   ¿Estás de acuerdo en que «la fe es confiar en lo que el ojo no puede ver»?

2   ¿Consta de más que eso? Explica.

«"Sólo salto a brazos grandes". Si pensamos que los brazos son débiles, no saltaremos. Por eso, el Padre flexionó sus músculos».

1   ¿Cómo ha demostrado Dios sus «brazos grandes» en tu vida?

2   ¿Cuál ha sido la mayor «flexión de brazos» que hayas experimentado?

🍇 Lee Hebreos 11.1-3. ¿Cómo se define la fe en este pasaje? ¿Cómo lo expresarías con tus palabras?

🍇 Lee el Salmo 20. ¿Qué lecciones de confianza puedes aprender de este pasaje? ¿Qué promesas se dan? ¿Cuál es la esperanza que se expresa?

🍇 Lee Efesios 1.19-20. ¿Este pasaje ayuda a edificar tu propia fe? Explica. ¿Cómo usa Pablo este pasaje en Efesios?

CAPÍTULO 15   CÓMO VENCER LO HEREDADO

Puntos para reflexionar

«No podemos escoger nuestros padres, pero sí podemos elegir a nuestros mentores».

1   ¿Qué mentores has elegido?

2   ¿Por qué has escogido a estos individuos en particular?

«Tal vez tu pasado no sea algo de lo cual jactarte. Tal vez fuiste testigo de horrible maldad. Y ahora tú, al igual que Josías, debes tomar una decisión. ¿Te sobrepones al pasado y produces un cambio? ¿O permaneces bajo el control del pasado y elaboras excusas?»

1   Selecciona una palabra que describa cómo te sientes con respecto a tu pasado: ¿Agradecido? ¿Enojado?

¿Desanimado? ¿Orgulloso? ¿Deprimido? ¿Bendecido?

2 ¿De qué modo a veces permitimos que el pasado nos controle? ¿Alguna vez te permitiste caer en esta modalidad? Explica.

«¡La vida espiritual nace del Espíritu! Tus padres pueden haberte dado tu genes, pero Dios te da gracia. Es posible que tus padres sean responsables de tu cuerpo, pero Dios se ha hecho cargo de tu alma. Es posible que tu aspecto venga de tu madre, pero la eternidad te viene de tu Padre, tu Padre celestial».

1 ¿De qué manera cambia este principio toda nuestra perspectiva?

2 ¿Qué tipo de herencia espiritual tienes ahora? Descríbela.

Sabiduría de la Palabra

🍇 Lee 2 Reyes 21. Describe la herencia de Josías. ¿Cómo te parece que se sentía con respecto a ella?

🍇 Lee Juan 3.1-8. ¿Cómo explicó Jesús que podemos recibir una herencia espiritual? ¿Qué debemos hacer? ¿Cómo se movió el Espíritu en tu vida? ¿De dónde provino el «viento»?

🍇 Lee 2 Corintios 5.17. ¿Qué significa estar «en Cristo»? ¿Qué se gana? ¿Qué se pierde?

Puntos para reflexionar

Cuando Dios susurra tu nombre

«Hace demasiado tiempo que tocas el segundo violín. Te hace falta dar un paso por cuenta propia».

1   ¿Alguna vez has recibido un consejo semejante a la declaración antes mencionada?

2   ¿Alguna vez has dado tal consejo? ¿Cuál fue el resultado de obrar según ese consejo?

«Vivir de los elogios de los demás constituye una dieta errática».

1   ¿Qué significa la declaración anterior?

2   ¿Cómo constituye una «dieta errática»?

«Hasta el día de hoy cuando el sol brilla la luna refleja y se ilumina la oscuridad, la luna no se queja ni se pone celosa. Sólo hace lo que siempre debió hacer. La luna ilumina».

1   ¿Cuál es el resultado de hacer aquello para lo cual fuiste creado?

2   ¿Conoces esta sensación? Explica.

Sabiduría de la Palabra

🍇   Lee 1 Corintios 12.12-30. ¿Cómo podría haberle evitado mucho sufrimiento a la luna el acatar el consejo de este pasaje? ¿Existe aquí una lección para ti? De ser así, ¿cuál es?

🍇   Lee Romanos 12.3-8. ¿Cómo podría haberle evitado algo de dolor a la luna el consejo que se brinda en el versículo 3? ¿Cómo encaja en los lineamentos trazados en el resto del pasaje?

Lee Isaías 43.5-7. ¿Para qué fuimos creados, según Isaías? ¿Cómo «glorificamos» a Dios? ¿Lo haces tú? Explica.

※

CAPÍTULO 17   TU SACO DE PIEDRAS

Puntos para reflexionar

«¿Es posible que te hayas acercado a la religión pero no a Dios? ¿Será que asististe a una iglesia, pero nunca viste a Cristo?»

1   ¿Alguna vez te has acercado a la «religión» en lugar de acercarte a Dios? De ser así, ¿qué sucedió?

2   ¿Cómo es posible ir a la iglesia y no ver a Cristo? ¿Ves a Cristo cuando asistes a la iglesia? Explica.

«Ve a Él. Sé sincero con Él. Admite que tienes secretos del alma que nunca has enfrentado. Él ya sabe lo que son. Sólo espera que le pidas ayuda. Sólo espera que le entregues tu saco.

Adelante. Te alegrarás de haberlo hecho».

1   ¿Cómo te acercas a Jesús? ¿Alguna vez te has acercado a Él de esta manera?

2   Pregúntate qué llevas dentro de tu saco. ¿Le has entregado estas cosas a Él? Si la respuesta es no, ¿por qué?

🌿 Lee 2 Corintios 7.5-13. ¿Cuál es la conexión entre contristarse y arrepentirse en este pasaje (véase especialmente el versículo 10)? ¿Qué produce la tristeza según Dios?

🌿 Lee Mateo 11.28-30. ¿Qué nos dice Jesús que hagamos en este pasaje? ¿Cómo lo hacemos? ¿Cuál es el resultado? ¿Has experimentado un «descanso» tal? Explica.

⊶⊷

CAPÍTULO 18   SOBRE OZ Y DIOS

Puntos para reflexionar

«"El poder que necesitas es en realidad un poder que ya tienes. Sólo hace falta que busques con la suficiente profundidad, el tiempo necesario, y no habrá nada que no puedas hacer". ¿Te parece familiar? ¿Te parece patriótico? ¿Te parece... cristiano?»

1   ¿Cuándo fue la última vez que escuchaste una declaración similar a la anterior? Descríbela.

2   ¿Alguna vez te parecieron cristianas tales declaraciones? Explícate.

«El cristianismo "hágalo usted mismo" no es de gran aliento para el agobiado y agotado».

1   ¿Qué quiso decir Max con «cristianismo hágalo usted mismo»?

2   ¿Por qué no es de gran aliento al agobiado y agotado un cristianismo como este?

«El mago dice mira dentro de ti y encuentra tu yo.
Dios dice mira dentro de ti y encuentra a Dios. Lo
primero te llevará a Kansas. Lo último te llevará al
cielo. Escoge cuál ha de ser».

1   ¿Cómo se podría interpretar mal la frase «mira dentro
    de ti y encuentra a Dios» de Max?

2   ¿Cómo te parece que debiera interpretarse?

Sabiduría de la Palabra

🍇   Lee Mateo 19.17. ¿Cuál era la intención de Jesús al
    hacerle esta declaración al joven? ¿Qué quería que
    comprendiese? El joven ¿captó el mensaje? Explica.

🍇   Lee 1 Corintios 6.9-11. ¿Cuál era la mentira que Pablo
    no quería que creyesen los corintios? ¿De qué modo
    radical habían cambiado sus vidas? ¿Quién produjo
    el cambio?

🍇   Lee Romanos 1.17. Según este versículo, ¿de dónde
    proviene la justicia? ¿Cómo se relaciona la fe con el
    asunto? ¿En qué se diferencia esto del mensaje del
    mago?

∽❧∽

CAPÍTULO 19   UN TRABAJO INTERNO

Puntos para reflexionar

«No se puede corregir un problema interno desde
afuera».

1   ¿A qué «problema interno» se refiere Max?

2   ¿Por qué no puede corregirse desde «afuera»?

«La sociedad puede renovar, pero sólo Dios re-crea».

1   ¿Por qué no puede re-crear la sociedad?

Cuando
Dios
susurra
tu
nombre

2   ¿Por qué Dios no hace una simple renovación?

«La próxima vez que suenen alarmas en tu mundo, pregúntate tres cosas: (1) ¿Hay en mi vida algún pecado sin confesar? (2) ¿Hay en mi mundo algún conflicto sin resolver? (3) ¿Hay en mi corazón alguna preocupación no rendida al Señor?

1   Formúlate las preguntas que Max enumera arriba.

2   ¿Cuáles son tus respuestas? ¿Hay algo que debas hacer? ¿Qué?

Sabiduría de la Palabra

🍇   Lee el Salmo 32.1-5. ¿En principio cómo trató David con su propio pecado? ¿Qué sucedió? ¿Cómo respondió entonces él? ¿Qué ocurrió?

🍇   Lee el Salmo 51.10. ¿De qué manera resulta esta una oración para cada creyente de toda época? ¿Forma parte de tu vida de oración? Explica.

🍇   Lee 1 Pedro 5.7. ¿Cuál es el mandato que se da? ¿Qué razón se da para este mandato? ¿Cómo podemos obedecer este mandato en un sentido práctico?

Puntos para reflexionar

«¿Hay alguien que tenga la mano sobre el acelerador de este tren, o será que el conductor ha saltado antes de quedar a la vista la curva de la muerte?»

1   ¿Alguna vez te has hecho una pregunta como la anterior?

2   De ser así, ¿cuáles eran las circunstancias?

«La promesa del Mesías va enhebrando cuarenta y dos generaciones de piedras en bruto, hasta formar un collar digno del Rey que vino. Tal como prometió».

1   ¿Te sorprenden los antepasados que componen el árbol familiar del Mesías? Sí o no, ¿por qué?

2   ¿Cómo es que esta genealogía resulta «digna del Rey que vino»?

3   ¿Por qué crees que Dios decidió registrar su árbol genealógico?

«El conductor no ha abandonado el tren. La guerra nuclear no es una amenaza para Dios. Las economías yo-yo no intimidan a los cielos. Líderes inmorales jamás han descarrilado el plan. Dios cumple su promesa».

1   ¿De qué manera puede una firme creencia en la verdad antes expresada mantenernos a flote?

2   ¿Cómo se manifiesta esta verdad en tu mundo?

223

3   ¿Qué evidencia bíblica puedes citar?

Sabiduría de la Palabra

Cuando Dios susurra tu nombre

🍇 Lee Juan 16.33. ¿Cuál es la promesa que nos hace Jesús en este pasaje? ¿Cuál es la advertencia que nos hace? ¿Qué significa «confiad»? ¿Por qué debemos confiar?

🍇 Lee Daniel 4.34-35. ¿Qué lección aprendió Nabucodonosor en cuanto al control de Dios sobre el universo? ¿Cuál es la frase de este pasaje que te resulta más memorable? ¿Por qué?

🍇 Lee Isaías 43.11-13. ¿Qué dijo Dios de sí mismo respecto a su control del universo? ¿Qué frase de este pasaje es más importante para ti? ¿Por qué?

CAPÍTULO 21   HÁBITOS SALUDABLES

Puntos para reflexionar

«Elige un momento del pasado no muy remoto. Un año o dos atrás. Ahora formúlate unas pocas preguntas. ¿Cómo se compara tu vida de oración actual con la de aquel entonces? ¿Y lo que das? ¿Se ha incrementado tanto la cantidad como el gozo? ¿Y qué pasa con tu lealtad hacia la iglesia? ¿Puedes notar que has crecido? ¿Y el estudio bíblico? ¿Estás aprendiendo a aprender?»

1   Formúlate las preguntas que Max enumera arriba.

2   ¿Cómo te va en estos aspectos?

«El crecimiento es el objetivo del cristiano. La madurez es un requisito».

224

1   ¿Cómo el crecimiento es el objetivo del cristiano?

2   ¿Cómo la madurez es un requisito?

«Allí están: la oración, el estudio, la generosidad y la comunión. Cuatro hábitos que vale la pena adoptar. ¿Acaso no resulta agradable saber que algunos hábitos son buenos para ti? Conviértelos en parte de tu día y crece. No cometas el error del niño pequeño. No te quedes demasiado cerca del sitio por donde entraste. Es arriesgado descansar en el borde».

1   Haz una evaluación personal en cuanto a tu actuación en cada uno de los hábitos que enumera Max.

2   ¿Cuáles son tus puntos fuertes? ¿Tus debilidades?

3   ¿Qué puedes hacer para mejorar?

Sabiduría de la Palabra

🍇   Lee Colosenses 1.9-12. ¿Qué peticiones específicas hizo Pablo a los colosenses? ¿Cómo pueden estos ayudar a dar forma a nuestra vida de oración?

🍇   Lee 1 Pedro 2.2-3. ¿Cuál es el mandato que se nos da aquí? ¿Cuál es el resultado prometido? ¿Cuál es la motivación que se da?

🍇   Lee 2 Pedro 3.18. ¿Qué significa crecer en gracia? ¿Qué significa crecer en conocimiento? ¿Cuál es la relación entre ambos?

Puntos para reflexionar

Cuando
Dios

«Sea cual fuere el medio de transporte, la travesía puede volverse agotadora. ¿No sería maravilloso descubrir una cinta transportadora para el corazón?»

susurra   1   ¿Qué quiere decir Max al mencionar una «cinta transportadora para el corazón»?

tu

nombre   2   ¿Quisieras una? Explica.

«La próxima vez que necesites descansar, hazlo. Él te mantendrá orientado en el sentido correcto. Y la próxima vez que logres avanzar... agradécele. Él es quien aporta el poder. ¿Y la próxima vez que quieras darte por vencido? No lo hagas. Por favor no lo hagas. Dobla en la próxima esquina. Tal vez te sorprenda lo que vas a encontrar allí. Además, te espera un vuelo al hogar que no querrás perder».

1   ¿De qué manera cumple el Espíritu Santó cada uno de los aspectos que Max enumera arriba? ¿Las has experimentado en tu vida? Explica.

2   ¿De qué se trata este «vuelo al hogar» al que hace referencia Max? ¿Cómo se hacen reservaciones para el mismo?

Sabiduría de la Palabra

🍇   Lee Colosenses 1.28-29. ¿Cuál era la meta de Pablo en cuanto a su ministerio? ¿Qué se requería para lograr esta meta? ¿Habría alguna diferencia en lo que a nosotros respecta? Explica.

🍇   Lee Hebreos 10.32-36. ¿Cómo anima el escritor a sus lectores a no darse por vencidos? ¿Qué razones

esgrime? ¿Qué promesa da? ¿Cuál es la advertencia
que ofrece?

❧

Puntos para reflexionar

«Si uno no sabe qué hacer, lo mejor es quedarse
quieto hasta que Dios haga lo suyo».

1   ¿Qué opinas de este consejo?

2   ¿Te resulta difícil hacer caso al mismo? Explica.

«Si algún tipo te tiene en el suelo y te está dando
golpes, y tu padre está a una distancia que pueda
escucharte y te ha dicho que lo llames siempre que
precises su ayuda, ¿que harías? Llamaría a mi padre.
Eso es lo único que hago. Cuando la batalla es demasiado grande, le pido a Dios que se haga cargo. Llamo
al Padre para que pelee por mí».

1   ¿Cómo logramos que el Padre pelee por nosotros en
     nuestro diario vivir?

2   ¿Qué significa esto? ¿Qué podemos esperar?

«A Él le corresponde pelear. A nosotros nos corresponde confiar.

Sólo confiar. No dirigir. No cuestionar. No arrebatarle el volante de las manos. Nos corresponde orar y
esperar. No hace falta nada más. No se necesita nada
más».

1   ¿Qué significa «confiar» en tu caso personal?

2   ¿Cómo se relacionan el actuar en fe y el esperar en oración?

Sabiduría de la Palabra

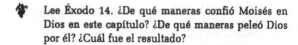

Cuando Dios susurra tu nombre

🍇 Lee Éxodo 14. ¿De qué maneras confió Moisés en Dios en este capítulo? ¿De qué maneras peleó Dios por él? ¿Cuál fue el resultado?

🍇 Lee 2 Crónicas 20.1-30. ¿De qué maneras confió Josafat en Dios en este pasaje? ¿En qué maneras peleó Dios por él? ¿Cuál fue el resultado? ¿Qué efecto te produce la declaración del rey en el versículo 12b?

🍇 Lee el Salmo 115. ¿Cuáles eran las dificultades a las que se enfrentaba el pueblo en ese momento? ¿Cómo reaccionó? ¿Qué hizo Dios? ¿Cómo puede su ejemplo ayudarnos?

❧

CAPÍTULO 24   EL DON DE LA DESDICHA

Puntos para reflexionar

«La desdicha sobre la tierra cultiva el hambre del cielo. Al producir en nosotros una profunda insatisfacción, Dios capta nuestra atención. La única tragedia, entonces, es sentir satisfacción prematura. Conformarse con la tierra. Sentirse a gusto en tierra extraña. Contraer enlace con los babilonios y olvidarse de Jerusalén».

1   ¿Cómo la insatisfacción puede llamarse un ejemplo de gracia?

2 ¿Qué significa «contraer enlace con los babilonios y olvidarse de Jerusalén»? ¿Alguna vez sientes la tentación de hacer esto? Explica.

«Nunca serás feliz del todo sobre la tierra simplemente porque no fuiste hecho para la tierra. Ah sí, tendrás tus momentos de gozo. Podrás vislumbrar momentos de luz. Conocerás momentos o hasta días de paz. Pero no son comparables con la felicidad que se encuentra más adelante».

1 ¿Por qué dice Max que no fuimos hechos para la tierra?

2 ¿Cuál sería el problema de llegar a ser verdaderamente feliz en la tierra?

«Baja tus expectativas con respecto a la tierra. Esto no es el cielo, así que no esperes que lo sea. Nunca habrá un noticiero sin malas noticias. Nunca habrá una iglesia sin chismes ni competencia. Nunca habrá un auto nuevo, una nueva esposa o un nuevo bebé que pueda darte el gozo que anhela tu corazón. Sólo Dios puede hacerlo».

1 ¿De qué manera práctica podemos bajar nuestras expectativas con respecto a la tierra?

2 Da varios ejemplos.

Sabiduría de la Palabra

❦ Lee Eclesiastés 3.11. ¿Qué significa que «ha puesto eternidad en el corazón de ellos [los hombres]»? ¿Cómo se revela esto?

❦ Lee 1 Pedro 2.11. ¿En qué se diferencia el modo de vida de un «extranjero» o un «peregrino» del modo de vida de los nativos? ¿Cómo batallan contra el alma los deseos carnales? ¿De qué modo ayuda en esta batalla el vivir como extranjero?

🍇 Lee 1 Corintios 2.9-10. ¿Por qué resulta este ser el mejor cuadro del cielo que podemos comprender? ¿Te da esperanza este pasaje? Explica.

❦

CAPÍTULO 25   CÓMO VER A DIOS

Puntos para reflexionar

«¿Quién quiere el cielo sin Dios? El cielo no es cielo sin Dios».

1   ¿Por qué el cielo sin Dios dejaría de ser cielo?

2   ¿Desearías vivir en un sitio tal? Explica.

«El contentamiento es una virtud difícil de lograr. ¿Por qué? Porque no hay nada en la tierra que pueda satisfacer nuestro más profundo anhelo. Anhelamos ver a Dios. Las hojas de la vida se sacuden con el rumor de que sí lo veremos... y no estaremos satisfechos hasta que esto suceda».

1   ¿Estás de acuerdo con la explicación de Max acerca del porqué resulta difícil lograr el contentamiento?

2   ¿Habrá otros motivos por los que resulta difícil lograrlo? Explica.

«Al ver a Dios, Isaías quedó aterrado. ¿Por qué tal temor? ¿Por qué temblaba tanto? Porque era cera delante del sol. Una vela en un huracán. Un pececito en las cataratas del Niágara. La gloria de Dios era

demasiado grande. Su pureza demasiado genuina.
Su poder demasiado imponente. La santidad de Dios
ilumina la pecaminosidad del hombre».

1   Define la santidad de Dios.

2   ¿Por qué habría de aterrar a Isaías?

Sabiduría de la Palabra

🌿   Lee Éxodo 33.12-23. ¿Habrías pedido lo que pidió
Moisés según aparece en el versículo 18? ¿Qué significa que no podía ver el «rostro» de Dios? ¿Cómo
se relaciona esto con la santidad de Dios?

🌿   Lee Isaías 6.1-7; Hebreos 12.14; Apocalipsis 1.12-18.
¿Cómo reaccionan por lo general las personas ante
la santidad manifiesta de Dios? ¿Por qué sucede así?
¿Qué sugiere esto en cuanto a nuestro modo de
relacionarnos con Dios?

🌿   Lee el Salmo 17.15. ¿Qué será lo que finalmente nos
satisfaga, según David? ¿Por qué debiera satisfacernos?

~~~

CAPÍTULO 26   HUÉRFANOS ANTE LA PUERTA

Puntos para reflexionar

«La tierra no es lo que habíamos esperado. Es posible
que tenga sus momentos agradables, pero simplemente no es lo que nos parece que debiera ser. Algo
dentro de nosotros gime pidiendo más».

1   ¿De qué manera no ha cumplido la tierra con tus
expectativas?

2   ¿«Gimes» por algo más? Explica.

231

«Estamos tan ansiosos que exigimos. Exigimos de este mundo lo que sólo nos puede dar el mundo venidero. Ninguna enfermedad. Ningún sufrimiento. Ninguna lucha. Pataleamos y sacudimos nuestros puños, olvidando que únicamente en el cielo puede encontrarse esa paz».

1   ¿Alguna vez te descubres exigiendo lo que verdaderamente pertenece al mundo venidero?

2   De ser así, ¿qué lo provoca? ¿Cuál es el resultado?

Sabiduría de la Palabra

🍇   Lee Romanos 8.18-25. ¿De qué manera la esperanza de «redención» torna más soportables nuestros «gemidos»? ¿Cómo se manifiesta este gemir? ¿Cuál es nuestra esperanza final?

🍇   Lee 2 Corintios 5.1-10. ¿Con qué propósito nos hizo Dios (vv. 4-5)? ¿Dónde entra a jugar el vivir por la fe (v. 7)? ¿Cuál es nuestra meta mientras tanto (v. 9)? ¿Cuál es la motivación que se da (v. 10)?

✎

CAPÍTULO 27   EL PAISAJE DE LAS TIERRAS ALTAS

Puntos para reflexionar

«Todos necesitamos ayuda de vez en cuando. Esta travesía se vuelve empinada. Tan empinada que algunos de nosotros nos damos por vencidos».

1   ¿Sientes alguna vez la tentación de darte por vencido?

2   ¿Cuáles son las circunstancias que provocan este deseo?

«La sangre humana del divino Cristo cubre nuestros pecados y proclama un mensaje: *Hemos sido comprados. No podemos ser vendidos. Jamás*».

Guía de estudio

1   ¿Qué sensación te produce la declaración arriba mencionada?

2   Explica el porqué.

«Créeme cuando digo que valdrá la pena. Ningún precio es demasiado elevado. Si debes pagar un precio, ¡págalo! Ningún sacrificio es demasiado grande. Si es necesario que dejes equipaje en el camino, ¡déjalo! Ninguna pérdida será comparable. Cueste lo que cueste, hazlo».

1   ¿Cuál es el precio que se te puede exigir que pagues en tu vida? ¿Qué sacrificios tal vez debas hacer?

2   ¿Cuál «equipaje» será necesario que «dejes por el camino»? ¿Cuál equipaje podrán abandonar otros mediante tu ayuda?

Sabiduría de la Palabra

🍇   Lee Hebreos 12.22-24. ¿Cómo se describe nuestro futuro en este pasaje? ¿Cuál es el cuadro que te representa? ¿Esto te da ánimo? De ser así, ¿cómo? Si no es así, ¿por qué?

🍇   Lee 1 Corintios 6.19-20. ¿A quién perteneces según este pasaje? ¿Cómo sucedió esto? ¿Cómo debemos responder?

🍇   Lee Romanos 8.35-39. ¿Habrá quedado fuera de esta lista algún posible enemigo? ¿Cuán seguro es nuestro destino? ¿Cómo se asegura este destino? ¿Cómo te hace sentir esto? ¿Por qué?

CAPÍTULO 28   EL NOMBRE QUE SÓLO DIOS CONOCE

Puntos para reflexionar

*Cuando
Dios
susurra
tu
nombre*

«¿No te parece increíble que Dios haya reservado un nombre para ti? ¿Un nombre que ni siquiera conoces? Siempre hemos imaginado que conservaremos el nombre que nos dieron. No es así. Imagina lo que eso implica. Al parecer tu futuro es tan promisorio que amerita un nuevo título. El camino por delante es tan brillante que se torna necesario un nombre nuevo. Tu eternidad es tan especial que ningún nombre común servirá».

1   ¿Alguna vez has tenido un «nombre secreto»? ¿Alguna vez le has dado a otro un nombre secreto? De ser así, ¿cuál fue el propósito de estos nombres? ¿Qué sensación le producían a la persona que los recibía?

2   Si se te asignara un «nombre secreto» basado en un rasgo de tu carácter, ¿cuál sería el rasgo por el que más te agradaría ser reconocido?

«A tu vida le aguarda más de lo que jamás imaginaste. A tu historia le falta más de lo que has leído. A tu canción le espera más de lo que has cantado. Un buen autor se reserva lo mejor para el final. Un gran compositor guarda su obra maestra para el final. Y Dios, el autor de la vida y compositor de la esperanza, ha hecho lo mismo para ti».

1   ¿Te resulta fácil creer que «a tu vida le aguarda más de lo que jamás imaginaste»? Explica.

2   ¿Qué es lo que aguardas con más ansias del mundo venidero? Descríbelo.

🌟 Lee Isaías 56.3-5. ¿A qué problemas se refirió Dios en estos versículos? ¿Sobre qué la gente sintió la tentación de pensar? ¿Alguna vez tuviste estos pensamientos? De ser así, explícate. ¿Qué promete Dios en el versículo 5?

🌟 Lee Apocalipsis 2.17. ¿Qué significa ser un «vencedor»? ¿Qué se le promete a tal persona? ¿Tienes la esperanza de ser tal persona? Explica.

🌟 Lee Sofonías 3.17. ¿Cuál es el papel que cumple Dios en este versículo? ¿Cómo nos anima? ¿Este versículo te genera alguna expectativa para el futuro? ¿Te alienta? Explica.

Guía
de
estudio